미국 초등학생 리

배우는

소피맘

소피맘

▶ 유튜브
구독자
26만

60세컨즈
잉글리쉬

미국 초등학생 리아

한국인이 가장 많이 하는 말을 영어로!
100가지 상황별 영어 표현

"안녕하세요, 여러분!
다시 뵙게 되어
반갑습니다!"

YouTube에서 '60 세컨즈 잉글리쉬'를 알려 드리고 있는 리아 엄마 소피 반입니다. [미국에서 기죽지 않는 쓸만한 영어] 시리즈 이후 다시 책으로 여러분을 뵙게 되어 너무 좋고, 반갑습니다!

인생의 매 순간 귀하지 않은 때가 없지만 이번 [60 세컨즈 잉글리쉬]는 저와 딸 아이인 리아, 그리고 여러분들과 함께 나눈 시간이 담긴 앨범과 같아서 저에게는 더욱 뜻깊고 소중한 책입니다.

저희가 영상을 찍기 전에 항상 생각했던 분들은 '여러분'이었습니다. '우리 한국인들에게 간단하지만 꼭 필요한 표현으로는 무엇이 있을까?'를 생각하면서, 마치 등이 마구 가려워서 긁고 싶은데 손이 닿지 않아 답답한 그 심경까지 헤아리고 파악해서 시~원하게 긁어 주는 그 느낌을 꼭 같이 전해 드리고 싶었습니다. 그래서 제가 등이 가려운 한국인의 입장에서 질문을 하면, 리아가 그 등을 시원하게 긁어 드리는 효자손 역할을 맡으며 이야기를 이어왔습니다. 그런 시간이 쌓여 어느새 100개의 이야기 묶음이 되었고, 여러분께 책으로 다시 한 번 다가갈 수 있는 기회가 생기게 되어 감회가 새롭고 정말 기쁩니다.

갈수록 더 빨리 가는 시간을 느낄 땐 엄마의 눈으로 바라보는 리아가 왠지 금세 어른이 될 것만 같아서 순간순간이 아쉬울 때가 있습니다.

제가 처음 YouTube '쓸만한 영어' 채널에서 인사를 드릴 때 당시 5살이었던 리아가 한국에 계신 분들께 영어를 알려 주고 싶다며 오물거리는 입으로 발음을 알려 드리고, 고사리 같은 손으로 제스처를 취하며 어떻게든 이해를 돕고 싶어 했던 시간들이 생각이 납니다. 그리고 사춘기를 앞둔 꿈 많은 10대가 되어서도 엄마와 여러분과 함께 즐겁게 이 시간을 같이 꾸려 나가고 있는 리아가 고맙게 느껴질 때가 많습니다.

'고슴도치 어미도 자기 새끼는 이쁘다'는 말이 있듯이 행여 제가 팔불출처럼 못난 엄마의 모습으로 비춰질 수도 있음에도 불구하고, 오히려 리아와 저를 같이 응원해 주신 여러분들이 계셨기에 이만큼 올 수 있었고, 이 시간과 추억 모두를 누릴 수 있기에 여러분께 더 깊이 감사하다는 말씀을 꼭 드리고 싶습니다.

여러분께 다시 책으로 인사드릴 수 있게끔 매사 꼼꼼히 챙겨 주시고 도움 주신 시대인 출판사의 심영미 팀장님과 편집, 디자인, 온라인 마케팅, 영업 등 각 분야에서 함께 땀 흘려 주신 모든 분들께도 진심으로 감사한 마음 담아 인사드립니다.

앞으로도 리아와 저는 우리 한국 분들이 세계로 나가는 길목에서 영어에 가려운 곳이 있을 때마다 시원하게 풀어 드리며 도와드릴 수 있도록 노력하겠습니다.

미국 조지아에서

Sophie Ban 올림

"여러분~ 안녕하세요!
소피 반 딸,
리아 반입니다!"

제가 5살 때 프리스쿨을 마치고 왔는데 엄마가 거실에서 '쓸만한 영어'를 찍고 계셨어요. 카메라 앞에서 웃으면서 말하고 있는 엄마가 어색했지만, 왠지 엄마 모습이 재미있어 보여서 저도 같이 하고 싶다고 했었어요. 그래서 조그만 화이트보드를 벽에 붙이고 학교놀이를 하듯이 엄마랑 같이 [리아의 쓸만한 영어]를 했어요. 한국 분들이 헷갈릴 수 있는 알파벳 파닉스(예: R/L 발음하기), 야채/과일 이름, 그리고 동화책을 읽어 드렸던 기억이 나요. 지금도 가끔 엄마랑 예전 비디오를 보는데요, 으~아(>_<).. 제가 저를 볼 땐 너무 어색해서 오글거릴 때도 있지만, 엄마랑 재미있는 추억이 있어서 좋아요. 그리고 한국에 갔을 때나 미국에서 다닐 때 저랑 제 동생 아리를 보면 장난감도 주시고, 먹을 것도 주시고, 반갑게 인사를 해 주시는 분들이 계시는데 참 감사해요. 또 제 나이 또래 친구들이 와서 아는 척해 줄 때도 너무 반가워요. 사실 이런 경험을 하는 게 신기해요! ^^

저는 미국에서 태어났지만 한국 사람이란 생각이 너무 당연하게 들어요. (아마도 엄마가 계속 말씀하셔서(?)(하하) 그럴 수도 있지만요.) 한국 사람도 한국 음식도 정말 좋은 것 같아서 그냥 좋아요. (제 미국 친구들한테 한국 이야기를 해 주면 신기해하고 좋아하는데, 그러면 저도 같이 기분이 좋아져요! ^^).

제가 영어를 잘하는 것은 한국에서 제 또래 친구들이 한국말을 잘하는 것과 같은 거라고 생각해요. 여기에서 태어났고 자라면서 미국 친구들과 선생님들과 계속 함께 지내고, 영어로 된 책과 TV를 더 많이 보니까요. 전 한국어를 따로 배우고 공부하지는 않는데요, 제가 엄마랑 함께 여러분들께 영어를 알려 드리는 시간이 한국어를 가장 자연스럽고 재미있게 배울 수 있는 시간이 되어서 좋은 것 같아요. 여러분들에게 더욱 잘 설명하고 싶어서 한국어를 더 잘하고 싶어지고, 영어도 더 잘 알려 드리고 싶어요.

전 나중에 커서 요리사도 되고 싶고, 태권도 선생님도 되고 싶고, 빵 가게도 하고 싶고, 판사도 되고 싶고, 엄마처럼 통역사도 되고 싶지만.. 엄마가 하나만 제대로 해도 잘하는 거라고 해서, 뭘 골라야 할지 사실 모르겠어요. 하지만, 앞으로 뭘 해도 한국을 알리는 사람이 되고 싶어요!

엄마랑 이렇게 YouTube로 찍은 내용이 책으로 나온다는 사실이 아직 잘 믿기지 않지만, 엄마랑 제 채널 많이 봐 주시고 아껴 주시는 분들께 '감사합니다~~!'라고 인사드려요.

그리고 엄마랑 영상을 찍을 때 옆에서 방해할 때도 많지만 저를 챙겨 주는 동생 아리, 또 영상 찍고 나면 항상 맛있는 거 해 주고, 같이 게임 해 주는 아빠한테 고맙다고 사랑한다고 말하고 싶어요. 엄마, 아빠 사랑해요~!

그리고 여러분, 감사합니다아~! Peace!! (^^v)

유튜브에서 만나요~~!

Leah Ban 올림

? 한국인이 **가장 많이 하는 말,**
영어에도 있을까?

궁금증 가득 담긴 소피맘의 질문에
초등학생 리아샘의 **쉽고 명쾌한 설명** **!**

매운 음식을 먹을 때 처음엔 괜찮다가 갑자기
매운맛이 확 느껴질 때가 있잖아. 때론 어른들
은 술을 마시다 보면 취기가 확 돌 때가 있거든.
이렇게 **어떤 맛이나 기운 등이**
'확 느껴지기 시작하는 것'을
영어로도 말할 수 있어?

그럼요! 그렇게 무언가가 확 작용하기 시작하는 것을
'kick in'이라고 해요. **맛이나 술기운 같은 게**
발로 빵! 하고 차면서 안으로 들어온다고
생각하면 이해하기 쉬워요!

60 세컨즈 잉글리쉬와 함께라면,

이젠 영어로 **부담 없이 쉽게** 말할 수 있어요!

- Ⓥ 나 완전 떡실신할 것 같아!
- Ⓥ 넌 완전 득템한 거야!
- Ⓥ 나눠 내자! (= 십시일반 하자!)
- Ⓥ 알긴 아는데 말이 안 나와.
- Ⓥ 속이 더부룩해.
- Ⓥ 눈엣가시야. (= 눈에 거슬리네.)
- Ⓥ 분위기 다 깼어. (= 초 쳤어.)
- Ⓥ 너 이번에는 안 봐줘!
- Ⓥ (탄산음료에) 김이 다 빠졌어.
- Ⓥ 촉이 왔어.
- Ⓥ 일정이 너무 빡빡해.
- Ⓥ 매운맛이 가시고 있어.
- Ⓥ 그 사람은 귀가 얇아. (= 마음이 갈대 같아.)
- Ⓥ 컴퓨터가 버벅거려!
- Ⓥ 뭐든지 말만 해! (다 해 줄게!)

Features

이렇게 학습해 보세요!

QR코드를 스캔하면 해당 유튜브 영상으로 연결돼요. 리아&소피맘의 목소리로 설명을 듣다 보면 어느새 영어 표현이 머릿속에 쏙쏙 저장되어 입으로 술술 말하고 싶어져요!

오늘의 표현이 쓰이는 상황 맥락을 살펴볼까요?

한국인이 실생활에서 가장 많이 하는 말을 100가지 영어 문장으로 담았어요!

잠깐! 문장에 쓰인 핵심 표현/구문을 한번 짚고 갈게요!

핵심 어휘 체크는 필수! 어휘가 갖고 있는 본래 의미와 맥락에 따른 뉘앙스를 함께 익혀 보세요! 더불어 오늘의 표현이 어떻게 만들어지고 의미를 갖게 되는지 이해할 수 있어요. 읽다 보면 머릿속에 영어 표현이 자동으로 저장됩니다!

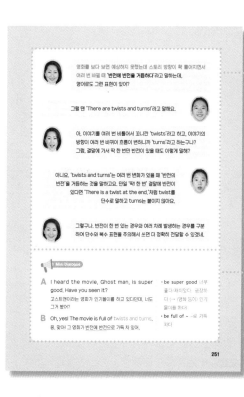

영화를 보다 보면 예상하지 못했는데 스토리 방향이 확 틀어지면서 여러 번 바뀔 때 '반전에 반전을 거듭하다'라고 말하는데, 영어로도 그런 표현이 있어?

그럴 땐 'There are twists and turns'라고 말해요.

아, 이야기를 여러 번 틀어서 꼬나깐 'twists'라고 하고, 이야기의 방향이 여러 번 바뀌어 흐름이 변하니깐 'turns'라고 하는구나? 그럼, 결말에 가서 딱 한 번만 반전이 있을 때도 이렇게 말해?

아니요. 'twists and turns'는 여러 번 변화가 있을 때 '반전의 반전'을 거듭하는 것을 말하고요. 만일 '딱 한 번' 결말에 반전이 있다면 'There is a twist at the end.'처럼 twist를 단수로 말하고 turns는 붙이지 않아요.

그렇구나. 반전이 한 번 있는 경우와 여러 차례 발생하는 경우를 구분 하여 단수와 복수 표현을 주의해서 쓰면 더 정확히 전달할 수 있겠네.

Mini Dialogue

A I heard the movie, Ghost man, is super good. Have you seen it?
고스트맨이라는 영화가 인기몰이를 하고 있다던데, 너도 그거 봤어?

B Oh, yes! The movie is full of twists and turns.
응, 맞아! 그 영화가 반전에 반전으로 가득 차 있어.

· be super good 너무 좋다/재미있다, 굉장히 다 I→ (영화 등이) 인기 몰이를 하다

· be full of ~ ~로 가득 차다

251

리아&소피맘과 함께 하는 100가지 이야기 묶음! 소피맘의 궁금 증 가득한 질문에 초 등학생 리아샘의 쉽고 명쾌한 답변으로 어느 새 100개의 표현이 내 것으로 되어 있어요!

원어민이 실생활에서 주고받는 대화를 통 해 학습한 표현이 어 떻게 쓰이는지 확인 해 보고, MP3를 들으 며 따라 말해 보세요!

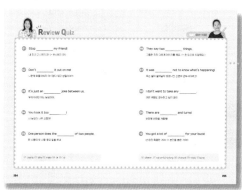

Review Quiz

Stop _____ my friend!

Don't _____ it out on me!

It's just an _____ joke between us.

You took it too _____!

One person does the _____ of two people.

They say _____ things.

It was _____ not to know what's happening!

I don't want to take any _____.

There are _____ and turns!

You got a lot of _____ for your buck!

10 DAYS마다 학습한 내용을 복습해 볼 수 있는 Review Quiz를 풀어 보세요.

100 개의 영어 표현 한눈에 훑어보기!

교재에서 배운 60 세컨즈 잉글
리쉬 표현 100개를 한눈에 훑어
볼 수 있도록 표현 모음 부록을
제공합니다. (잊은 내용이 있을
경우 해당 페이지로 가서 다시
한번 복습하세요!)

유튜브 영상과 함께 하세요!

교재의 내용을 유튜브 영상을 통해서도 만나 보세요!
하루 딱 60초가량의 시간만 있다면 언제 어디서나 시청할 수 있어요!
각 DAY에 수록되어 있는 QR코드를 스캔하면 해당 영상으로 연결됩니다!

Contents

학습한 DAY	✔	2	3	4	5	6	7	8	9	10

학습한 DAY	11	12	13	14	15	16	17	18	19	20

학습한 DAY	61	62	63	64	65	66	67	68	69	70

학습한 DAY	71	72	73	74	75	76	77	78	79	80

학습한 DAY	81	82	83	84	85	86	87	88	89	90

학습한 DAY	91	92	93	94	95	96	97	98	99	100

DAY

001 ~ 010

YOU CAN DO IT!

CHEER UP!!

I am up/down for it!

진짜 하고 싶어!
(= 대찬성이야!)

be up/down for ~
~(어떤 활동)을 하고 싶다

- **be up for ~** = (기꺼이/적극적으로) ~하고 싶다
  → 어떤 활동에 적극적으로 동참하고 싶은 마음을 나타내는 표현으로 일상에서 상대방의 제안에 적극적으로 동의하는 뉘앙스
- **be down for ~** = (슬랭) ~하고 싶다
  → 마찬가지로 어떤 것을 받아들이거나 동의하는 뉘앙스로 긍정 반응을 표현하며, 간단히는 'I'm down!(완전 콜!)'으로 많이 활용
- **I am up/down for it/that!** = (난) 기꺼이 (그 일/활동을) 하고 싶어! ▶ 진짜 하고 싶어! (= 완전 좋아! / 대찬성이야!)

어떤 일이나 활동에 기꺼이 참여하고 싶은 마음이 들 때 **'나 정말 (그 거) 하고 싶어.'**라고 말하잖아. 이때 미국인들은 'want to ~(~하고 싶다)'를 쓰지 않고도 잘 하는 말이 있던데, 그 표현이 궁금하네. 알려 줄 수 있어?

'I'm <u>up</u> for that!' 또는
'I'm <u>down</u> for that!'으로 말해요.

아! 첫 번째 표현은 그 일(that/it)을 하려고 적극적으로 일어서는 (up) 모습이 그려지면서 의미가 다가오는데, 두 번째 표현에서 'down'은 어떤 의미로 쓰인 거야?

'I'm down for that/it.'은 '어떤 상황이 주어져도 (별로 크게 신경 쓰지 않고) 따르겠다/괜찮다'는 의미로 써요. '엄청 좋아 / 그렇게 하자'와 같이 동의하는 말이에요.

두 표현 다 '~하고 싶다'고 동의하는 표현이지만 약간의 뉘앙스 차이가 있구나.

 Mini Dialogue

A Do you want to go out for dinner tonight?
오늘 밤 나랑 저녁 먹으러 나갈래?

B Yeah, I'm up for it!
응, <u>완전 좋아</u>!

- go out for dinner
  저녁 먹으러 나가다, 외
  식하다

계획대로 일이 잘 풀렸을 때

▶ WATCH

Our plan worked out!

계획한 대로
다 잘 풀렸어!

work out
(상황·일·계획 등이) 잘 풀리다

- **work** = (어떤 상황 · 일 · 계획 등이) 돌아가다
- **work out** = (특정 방향으로 상황 · 일이) 잘 풀리다, 진행되다
  (문제 · 복잡한 상황 등을) 해결하다, ~을 계획해 내다
  → 맥락에 따라 '(정기적으로) 운동하다'라는 의미로도 활용
- **Our plan worked out!**
  = 우리의 계획이 (성공적으로) 잘 풀렸어! ▶ '계획한대로 (일이) 다 잘 풀렸어!'
  라고 자연스럽게 해석
    → 'work out a plan(계획을 세우다)'과 헷갈리지 않도록 유의!

우리가 어떤 일을 할 때 고민하고 힘든 과정이 있었지만 결과적으로는 일이 잘 풀려서 성공적일 때 '**일이 잘 풀렸어!** 또는 '**모든 게 다 잘 됐어!**'라고 말하잖아. 이에 맞는 영어 표현이 있을까?

네! 'Our plan worked out!'으로 말하면 돼요.

아, 일을 하는 주체가 사물(상황·일·계획 등)이 될 수 있구나. 그럼, '계획이나 일 등이 자기 할 일을 (잘) 한다'는 맥락에서 자연스럽게 '일·계획이 돌아간다(진행되다)'라는 의미로 이해하면 되겠네?

네! 계획이 자기 일을 하니까 일이 잘 돌아가게 되고, 그 결과가 성공적으로 밖으로(out) 나왔으니 '일이 잘 풀렸다, 다 잘 됐다'라는 의미로 쓰일 수 있는 거예요.

그렇구나! 이렇게 상황에 맞게 표현 설명을 들으니 이해가 쏙쏙 되고 재미있네!

 **Mini Dialogue**

A We might need to work out a new plan.
우리 새로운 계획을 짜야 할지도 몰라.

B We don't need to. Our old plan already worked out!
안 해도 돼. 벌써 이전 계획대로 다 잘 됐거든!

- **might** ~ ~일지(도) 모른다('may'보다 약한 가능성·추측을 나타냄)
- **need to** ~ ~할 필요가 있다
- **old** 오래된, 이전의
- **already** 이미, 벌써

21

My friend stepped in and fought for me!

친구가 내 대신 나서서 싸워 줬어!

step in
나서다, 끼어들다

- **step in** = (합의 도출 · 문제 해결을 위해) 돕고 나서다
  → 어떤 곤란한 상황에 빠진 사람을 돕기 위해 '참견 · 간섭하다, 개입 · 관여하다, 끼어들다'와 같이 다양하게 해석 가능
- **fight for ~** = ~을 위해 싸우다 (**fight-fought-fought**)
  → 맥락상 '입씨름 · 언쟁 · 옥신각신하다' 등의 뉘앙스를 나타냄
- **step in and fight for ~** = ~을 위해(대신해서) 나서서 싸우다
- **A step in and fight for B**
  = A가 B를 (도와주려고) 대신 나서서 싸우다

요전 날 아리(리아 동생)가 친구랑 싸우다가 우니까 리아가 끼어들어서 대신 싸워 준 적이 있었잖아? 그렇게 누군가 곤란할 때 도와주려고 나서서 싸우는 행동은 영어로 어떻게 표현할 수 있어?

'I stepped in and fought for Ari.'라고 말할 수 있어요.
'제가 아리를 대신해서 나서서 싸워 줬어요.'라는 의미예요.

아, 어떤 상황에 발을 들이는 모습을 'step in'으로 표현하고,
누군가를 위해 그 편에서 대신 싸우는 모습을
'fight for ~'로 표현하는구나.

네. 그런데 'step in'은 무조건 끼어드는 게 아니라, 문제를
해결하기 위해 도와주려고 끼어든다는 의미예요.

그렇구나! 다시 말하면 'step in'은 곤란한 상황에 처한 누군가를
돕기 위해 나서는 행동으로, '(누군가를) 도와주기 위해 나서다' 또는
'(문제 해결을 위해) 돕고 나서다'라는 의미로 이해하면 되겠네!

 Mini Dialogue

A Thank you for stepping in to help!
도와주려고 나서 준 거 고마워!

B Anytime! I'll stand up for you!
언제든지 (말해)! 널 지지해 줄게!

- anytime 언제든지 (감탄사로 '언제든지 좋아요' 또는 '천만에요'라는 의미)
- stand up for ~ ~를 지지하다, 옹호하다

▶ WATCH

I'm gonna pass out tonight!

나 오늘 밤에
완전 떡실신할 것 같아!

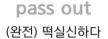

pass out
(완전) 떡실신하다

- **pass out** = 의식 · 정신을 잃다, 기절하다
  → '너무 피곤해서 정신을 잃고 기절한다'는 맥락으로 '(완전) 떡실신하다, 뻗다, 곯아떨어지다'와 같은 뉘앙스로 해석 가능
- **be going to(gonna) pass out**
  = (완전) 떡실신할 것 같다, 뻗을 것 같다, 곯아떨어질 것 같다
    → 'be going to ~ (~할 것이다)'는 현재 상황을 보아 불 보듯 뻔하게 어떤 일이 일어날 가능성을 나타낼 때 사용

지난번 우리 가족이 놀이공원에 갔을 때 하루 종일 쉬지 않고 재미나게 놀았던 것 기억나? 그날 밤에 우리 모두 떡실신해서 완전 곯아떨어졌잖아. 그런 상황도 영어로 표현할 수 있어?

'We passed out that night.'으로 말할 수 있어요. '우리 그날 밤 완전 떡실신했잖아(곯아떨어졌잖아).'라는 의미로요.

아, 'pass out'을 쓰는구나! 정신이 밖으로(out) 나갈/이동할(pass) 만큼 '기절할 정도로 너무 피곤한 상태'니까 이 맥락에서 '떡실신하다, 뻗다, 곯아떨어지다'와 같은 뉘앙스로 해석되는 거구나. 그럼, 실제로 정신·의식을 잃을 때도 'pass out'을 써서 말해도 돼?

네. 'I feel faint. I'm gonna(going to) pass out. (현기증이 나. 정신을 잃을 것 같아.)'처럼 말할 수 있어요.

 **Mini Dialogue**

A I'm sure my kids will pass out after swimming class.
애들이 수영 수업을 해서 <u>떡실신할</u> 게 분명해.

B We'll get a night of peace and quiet.
평화롭고 조용한 밤이 되겠군.

• night of peace and quiet 평화롭고 조용한 밤

I didn't mean to do it.

그렇게 하려던 건 아니었어.
(= 어쩌다 그렇게 됐어.)

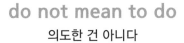

do not mean to do
의도한 건 아니다

- **mean to ~** = (특별한 의미/의도로) ~하다
- **do not mean to ~**
  = 의도한 건 아니다, 일부러 ~한 것은 아니다
- **I did not mean to do it.** = (일부러) 그렇게 하려던 건 아니었어.
  → 의도치 않게 일이 발생한 맥락에서 '어쩌다 그렇게 됐어.'라고 자연스럽게 해석 가능
  → 참고로, '**accidentally**(뜻하지 않게, 어쩌다, 얼떨결에)'를 써서 '**I did it accidentally.**'라고 말할 수도 있어요.

내 생각과는 다르게 의도하지 않은 방향으로 일이 벌어졌을 때가 있잖아. 이때 상대방이 오해하거나 상처받지 않도록 **'일부러 그렇게 하려던 건 아니었어. / 어쩌다 그렇게 됐어.'**와 같은 말로 내 상황을 설명하고 싶은데, 이런 말도 영어로 표현할 수 있을까?

그럼요. 'I didn't mean to do it.'으로 말할 수 있어요. 또는 'I did it accidentally.'라고 말해도 돼요.

아, 'mean to do something'은 '어떤 것을 하려고 뜻을 가지다 → 뜻을 갖고 하다(의도하다)'라는 의미로 이해가 되네. 그런데 'accident'는 보통 '사고'를 말할 때 쓰는데, 다른 뜻도 있는 거야?

'accident'는 원래 '의도하지 않았는데 일어나는 일 (= 우연)'을 의미해요. 그래서 'accidentally'는 '뜻하지 않게, 우연히'를 의미하고 맥락상 자연스럽게 '어쩌다, 얼떨결에'라고 해석하는 거예요.

 Mini Dialogue

A Sorry, I didn't mean to do it.
미안해. 일부러 그런 건 아니야.

B Apology accepted. I assumed you did it accidentally.
사과 받아 줄게. 나도 네가 얼떨결에 그랬다고 생각해.

- apology 사과
- accept (기꺼이) 받아들이다, (적절하다고 보아) 받아 주다
- assume 추정하다(짐작하다)

You did it on purpose!

너 일부러 그렇게 했잖아!
(= 고의적이었어!)

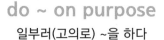

do ~ on purpose
일부러(고의로) ~을 하다

- **on purpose** = 일부러, 고의로
- **do ~ on purpose** = ~을 일부러(고의로) 하다
  → 참고로 '**intentionally**(의도적으로, 고의로)'를 써서 '**do ~ intentionally**'와
    같이 말해도 동일한 의미를 나타내요.
- **You did it on purpose/intentionally!**
  = 너 일부러(고의로) 그렇게 했잖아! (= 일부러 그랬잖아! / 고의적이었어!)

어제 배운 표현의 맥락과 반대되는 상황으로 누군가 어떤 목적을 갖고 일부러 (안 좋은) 행동을 할 때가 있잖아. 이럴 땐 '**너 일부러 그렇게 했잖아! / 고의적이었어!**'라고 말하면서 일침을 주고 싶은데, 영어로는 어떻게 말할 수 있어?

그럴 땐 'You did it on purpose!'라고 말하면 돼요.

생각이나 마음을 어떤 목적(purpose) 위에(on) 두고 행한다(do)는 의미로 'do ~ on purpose(일부러·고의로 행하다)' 라고 표현할 수 있는 거구나.

네! 그리고, 알아 두면 좋은 표현이 또 있어요! 상대방이 '일부러 했으면서 우연인 척' 행동을 할 때 어제 배운 'accidentally(우연히)'에 'on purpose(일부러)'를 붙여서 'You did it accidentally on purpose.(너 일부러 그랬으면서 우연인 척 했잖아.)'라고 말하면 돼요.

A I know you broke my toy on purpose!
네가 일부러 내 장난감 부순 거 다 알아!

B Do you have any proof?
증거(어떤 증거라도) 있어?

- break 부수다, 고장 내다
  (break–broke–broken)
- any 어느, 어떤
- proof 증거

You name it!

뭐든지 말만 해!
(다 해 줄게!)

name it
(뭐든지) 말만 해

- **name** = 이름, 명칭하다(이름을 지어 주다), 지명하다
  → 위의 표현에서 'name it'은 '그걸 지명하다(그것의 이름을 대다)', 즉 '여러 개 가운데 그걸(한 개의 이름을) 지정하여 가리키다'라는 의미
- **You name it**. = 뭐든지 말만 해.
  → 직역하면, '(네가 생각하고 있는) 그것을 지명해 봐.'인데, 맥락상 '네가 이름을 대는 무엇이든지 마음껏 말해도 된다(뭐든지 (해) 주겠다)'라는 뉘앙스

상대방이 원하는 걸 말하면 무엇이든지 다 들어줄 수 있다고 말할 때 흔히 **'뭐든 말만 해! (다 들어줄게!)'**라고 하잖아. 예를 들어 엄마가 리아 생일에 '생일 선물로 뭐 받고 싶어?'라고 물어보면서 '뭐든 말만 해! (다 해 줄게!)'라고 말하는 것처럼 말이야. 이런 말도 영어로 표현할 수 있어?

간단해요! 'You name it!'이라고 하면 돼요.

그런데, 어떻게 'name'을 써서 '뭐든 말만 해'라는 의미가 되는 거지?

'name'은 '이름을 부르다/말하다'라는 뜻이 있어요. 상대방이 어떤 것을 선택할 때 그 이름을 말해야 하잖아요? 그래서 'You name it.'은 '그것(의) 이름을 말해 봐. → (네가 원하는 게 무엇이든) 이름만 말해. / 이름만 대 봐.'라는 뜻을 갖게 되는 거예요.

 Mini Dialogue

A Hamburger, pizza, steak, chicken - you name it, I've got it!
햄버거, 피자, 스테이크, 치킨이든 말만 해.
내가 해 줄게!

B Seriously? I'm on a diet now!
진심이야? 나 지금 다이어트 중이거든!

- be on a diet 다이어트 (식이요법) 중이다

DAY
008

누군가 내게 험담(욕)을 했을 때

▶ WATCH

He called me names.

그 사람이 나한테
욕을 했어.

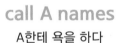

call A names
A한테 욕을 하다

- **call A names** = (A한테) 좋지 않은 별명을 부르다, 욕을 하다
  - → 'name'은 '(부모님께서 지어 주신 원래 가진) 이름'을 의미하며, 'names'는 '(욕이나 좋지 않은 별명에 해당하는) 다른 이름들'을 의미
- He **called me names**. = 그 사람이 나한테 욕을 했어.
  - → 'call someone's(소유격) name(단수) = ~의 이름을 부르다'와 헷갈리지 않기! 오늘의 표현에선 '**call someone**(목적격) **name**s(복수형)'으로 쓰였으니 구분해서 익혀 두세요!

어떤 사람(A)이 욕이나 험담 같은 나쁜 말로 누군가(B)에게 못되게 굴었을 때, 'A가 B에게 욕했다'라고 말하잖아. 만일 '그 사람이 나한테 욕했어.'라고 말하려면 영어로는 어떻게 표현해?

그때는 'He/She called me names.'라고 말해요.

'He/She called me names.'를 직역하면 '그 사람이 나를 여러 이름들로 불렀다.'라는 말이 되는데, 이때 'names'가 '욕(나쁜 말)'을 뜻하게 되는 거야?

네. 'name(단수)'는 '이름'을 뜻하지만 'names(복수)'는 그 외에 다른 이름들을 말하는 거니까 '나쁜 별명'이나 '욕'과 같은 나쁜 말(험담)을 뜻하게 되는 거예요. 이때 조심할 게 있는데요. 'my names'로 말하면 안 되고 'me names'라고 말해야 해요.

그렇구나! 그럼, 상대방에게 나에게 욕하지 말라고 경고할 땐 'Don't call me names. (욕하지 마세요.)'라고 할 수 있겠네.

A Lexi called me names.
  Lexi가 나한테 욕했어.

B You must be pissed off!
  너 정말 열 받았겠다!

• must 틀림없이 ~일 것이다(~임에 틀림없다)
• piss someone off ~를 열 받게 하다 (→ be pissed off 열이 오르다, 분노가 터지다)

33

Let me be clear.

확실하게
알려 줄게.

be clear
확실히 하다

- **clear** = 알아듣기 쉬운, 분명한, (의심할 여지없이) 확실한
- **be clear** = 확실하다, 분명히 · 명확히 (말)하다
- **Let me be clear**. = 제가 확실하게 (말)해 줄게요. ▶ (제가) 확실하게/분명하게 알려 줄게요.
  - → 참고로 '**clarify**(명확하게 하다, 분명히 말하다)'를 써서 '**Let me clarify this for you.** = 제가 이걸 (당신이 이해할 수 있도록) 확실하게/분명하게 설명해 드릴게요.'라고도 표현해요.

내가 말하는 핵심 뜻을 상대방이 잘 이해하지 못했을 때 상대방의 이해를 돕기 위해 다시 한 번 확실하게 설명해 줄 때가 있잖아. 그때 내 말을 명확히 하기에 앞서 '(내가) 확실히 알려 줄게.'라고 곧잘 말하는데, 이런 말은 영어로 어떻게 할 수 있어?

'Let me be clear.'라고 하면 돼요.

'clear'는 기본적으로 '깨끗한, 또렷한'을 의미하는데 맥락에 따라 '확실한, 분명한, (또렷해서) 알아듣기 쉬운'과 같은 의미로 활용하는 거구나! 그래서 'Let me be clear.(내가 확실히 (설명)할게.)'라고 하면 자연스럽게 '내가 확실히 알려 줄게.'라는 의미로 전달되는 거고.

네. 그리고 '더욱 자세히(세부적으로) 설명'하면서 이해를 도울 때는 'clarify(명확하게 하다, 분명히 말하다)'를 써서 'Let me clarify this for you.(내가 이걸 (네가 확실히 이해할 수 있도록) 설명해 줄게.)'와 같이 말할 수도 있어요.

A Let me clarify this for you.
(당신이) 확실히 이해할 수 있도록 (제가) 설명해 드릴 게요.

B Thank you for the clarification.
확실하게 설명해 주셔서 감사합니다.

- clarification (불순물이 없도록) 깨끗하게 함, (오해의 소지 없는 깔끔한) 설명, 해명

DAY 010

자리 좀 내어 달라고 할 때

▶ WATCH

Scoot/Scooch over.

조금만 가 봐.
(= 자리 좀 내 봐.)

scoot/scooch over
자리를 좁혀 앉다

- **scoot/scooch over** = 자리를 좁혀 앉다(앉게 하다) ▶ 옆으로 조금 당겨 앉다
  - → 맥락상 '자리 좀 내다'라는 의미
  - → **scoot**(서둘러 가다: 밀리듯이/미끄러지듯이 다른 곳으로 옮기는 모습)
    +over(어느 한쪽에서 다른 쪽으로/포물선을 그리듯 이동하는 모습) = (다른 사람도 앉을 수 있게) 좀 옆으로 가다
  - → 'scoot' 대신 'scooch((특히 앉은 자세로) 조금 움직이다/비키다)'로 대체 가능

소파나 벤치에 같이 앉고 싶거나 차에 여럿이 탈 때 자리가 비좁다면, 먼저 앉아 있는 상대방에게 자리 좀 내어 달라는 뜻으로 **'옆으로 좀 가 봐. / 조금만 비켜 줘. / 좀 당겨 앉자.'**와 같은 말을 하잖아? 이런 말에 딱 맞는 영어 표현이 있을까?

있어요! 'Scoot over!' 또는 'Scooch over!'라고 말하면 한 번에 통해요.

'scoot'를 들으니 우리가 타고 다니는 '스쿠터(scooter)'가 떠오르는데?

맞아요! 'scoot'는 그렇게 '휭/슝~!' 하고 빨리 움직이는 건데, 옆으로 움직이면 'over'를, 위로 가거나 가까이 당겨 오면 'up'을, 뒤로 가면 'back'을 붙여서 다양하게 말할 수 있어요! 그리고 'scoot' 대신 'scooch(앉아서 움직이다/비키다)'를 써서 말해도 돼요.

그렇구나! 'Scoot/Scooch over.'는 격식이 없이 친한 사이에 편하게 하는 말이니까 좀 더 공손하게 표현하고 싶다면 뒤에 'please'를 붙여서 말하면 되겠다, 그렇지?

A It's so cramped.
너무 비좁아.

· cramped 비좁은

B Let me scoot over.
내가 옆으로 좀 갈게.

Review Quiz

01 I am _____ for it!

진짜 하고 싶어! (= 대찬성이야!)

02 Our plan _____ out!

계획한 대로 다 잘 풀렸어!

03 My friend _____ in and fought for me!

친구가 내 대신 나서서 싸워 줬어!

04 I'm gonna _____ out tonight!

나 오늘 밤에 완전 떡실신할 것 같아!

05 I didn't _____ to do it.

그렇게 하려던 건 아니었어. (= 어쩌다 그렇게 됐어.)

01 up/down 02 worked 03 stepped 04 pass 05 mean

06 You did it on _____!

너 일부러 그렇게 했잖아! (= 고의적이었어!)

07 You _____ it!

뭐든지 말만 해! (다 해 줄게!)

08 He called me _____.

그 사람이 나한테 욕을 했어.

09 Let me be _____.

확실하게 알려 줄게.

10 _____ over.

조금만 가 봐. (= 자리 좀 내 봐.)

06 purpose 07 name 08 names 09 clear 10 Scoot/Scooch

39

DAY
011 ~ 020

YOU CAN DO IT!

CHEER UP!!

(Is it) For real?

그거 실화임?

for real
진짜의, 실제인

- **for real** = 진짜의, 실제인
- **Is it for real?** = 그거 진짜야? / 그거 실화야?
  - → 간단하게는 '**For real?**'로 말하며, 요즘 유행어인 '실화임? / 레알? / 진심임?' 과 같은 말로 활용
  - → 참고로 '**Is it real?**'이라고 말하면 '그거 진짜야? / 진짜 맞아?'라고 '진품 여부 를 묻는 질문'이 되니 헷갈리지 마세요!

누군가가 한 말이 믿기 어렵거나 놀라울 때 흔히 '(그거) 실화야? / 진짜야?'라는 말로 반응하잖아. 그런데 매번 'Really?'로 말하기엔 좀 무안할 때도 있거든. 더 좋은 표현이 어디 없을까?

그럴 땐 'Is it for real?'로 말하면 돼요. 간단하게 'For real?'로도 많이 말해요.

그렇구나! 그런데 이 말은 여러 상황에서 다양한 뉘앙스로 쓰일 수 있잖아. 예를 들면 ① 진짜 믿기지 않는 상황일 때는 '실화야?' ② 믿기지 않을 정도로 너무 놀라울 때는 '(대박) 진짜?' ③ 상대가 신중하게 하는 말인지 물을 때는 '진심이야?'와 같이 맥락에 따라 뉘앙스가 조금씩 다른 것처럼 말이야.

맞아요! 상황에 따라 다양하게 쓰일 수 있어요. 참고로 상대가 신중하게 하는 말인지 물을 때는 'Seriously?(진심이야?)'도 자주 쓰니 같이 알아 두면 좋아요!

 Mini Dialogue

A Tom and Jane are going to get married!
Tom이랑 Jane이 결혼한대!

B For real?
진짜? (실화임?)

- get married 결혼하다
  (결혼식을 하다)

다 같이 부담해서 비용을 낼 때

▶ WATCH

Let's chip in!

나눠 내자!
(= 십시일반 하자!)

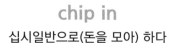
chip in
십시일반으로(돈을 모아) 하다

- **chip** = (물건에서 떨어져 나간) 조각, 부스러기

  (조금씩) 쪼개지다, 깨지다, 부스러지다
- **chip in** = 여러 사람이 (돈을) 조금식 모으다/보태다 ▶ 십시일반으로 계산하다

  (뿜빠이(로 계산)하다 / 엔(**n**)분의 1로 계산(엔빵)하다)
  → 꼭 돈을 모을 때만 사용하는 것이 아니고, 시간·에너지 등 힘을 보탤 때도 활
  용 가능해요!

여러 명이 돈을 조금씩 보태서 선물을 같이 하거나, 모임 등에서 비용을 다같이 부담해서 나눠 내는 경우가 있잖아. 이렇게 돈을 조금씩 모아 비용을 해결하고자 할 때 흔히 '십시일반으로 (계산)하자!' 또는 '엔(n)분의 1로 나누어 내자!'라고 말하거든.
영어로도 이런 표현이 있어?

네! 영어로는 'Let's chip in!'이라고 해요.

'chip'은 '(어떤 큰 물건에서 떨어져 나간) 작은 조각'을 말하는데, 어떻게 그런 의미가 되는 거야?

'chip'이 동사로 쓰일 땐 '작은 조각을 모으는 모습'을 그려 보세요.
여러 사람이 '적은 돈을 조금씩 모아(chip) 목적을 둔 곳에(in) 내다'
라고 풀어서 이해하면 '십시일반(으로 계산)하다'라는
의미가 쉽게 다가올 거예요.

 Mini Dialogue

A Why don't we chip in and buy a car for mom?
우리 돈을 조금씩 걷어서 엄마한테 차 사 드리는 건 어때?

B That's a great idea!
그거 진짜 좋은 생각이야!

• Why don't we ~? (상대방에게 제안할 때) ~ 하는 건 어때?

정신을 못 차리고 있을 때

▶ WATCH

You need to get it together!

정신 좀 차려!

---

get it together
정신 차리다

- **get together** = ~을 모으다, 모이다, (생각 · 사물을) 잘 정리하다
  → 구어체로 '자신을 억제하다, 침착하게 굴다'라는 의미
- **get it together** = 정신 차리다, 마음을 진정시키다
  → '흩어진 정신 · 마음(it)을 한데 모으다(together)'라는 의미로 '정신 차리다, 마음을 비우고 진정하다'라는 말로 일상에서 자주 활용해요.
- **need to get it together**
  = 정신을 차릴 필요가 있다 ▶ 정신 좀 차려야겠다

엄마가 너무 정신이 없어서 가스 잠그는 것을 잊거나, 너희들 데리러 가는 시간을 까먹을 때가 있잖아. 그럴 때 엄마가 늘 하는 말 있지? '내 정신 좀 봐(정신이 없네). 정신 좀 차려야지/차려야겠어!'라고. 영어로는 어떻게 표현해?

그럴 땐 'I can't get it together. I need to get it together!'이라고 말하면 돼요.

'get together(모으다, 모이다)'은 모임을 제안할 때 'Let's get together!(모이자! / 만나자!)'라는 표현으로 많이 들어 봤는데, 'get it together'과는 좀 헷갈리네. 실제 이런 말을 많이 해?

네, 많이 써요! 여기저기 흩어져 있는 '정신 · 마음(it)'을 한군데로 모으고 집중시킨다고(get together)' 생각하면 이해가 될 거예요. 참고로 상대방이 너무 들떠 있거나 멘붕이 왔을 때도 'Let's get it together.(정신 좀 차리자. / 진정하자.)'이란 말로도 많이 쓰여요.

 Mini Dialogue

A It's unbelievable, I forgot to pick up my kids again!
아이들 데리러 가는 걸 또 잊다니 믿을 수가 없어!

B You need to get it together!
정신 좀 차려!

- **unbelievable** 믿을 수 가 없는
- **forget to do** ~하는 것 을 잊다 (forget-forgot -forgotten)
- **pick up** 데리러 가다

선천적으로 타고난 것을 말할 때

▶ WATCH

I was born with it.

그건
타고난 거야.

be born with ~
~을 타고나다

- **be born** = 태어나다
  - → `bear`은 `~을 낳다, 출산하다`라는 의미이며 `be born`으로 쓰일 땐 `태어나다`라는 의미
- **be born with A** = A를 가지고 태어나다/타고나다
- **I was born with it.** = 난 그거 가지고 태어났어.
  - → 자연스럽게 `그건 타고난 거야.`라고 해석

어떤 성품이나 외모, 재능 따위를 가지고 태어났다고 말할 때 '선천적으로 **타고났다**'라고 말하잖아. 예를 들어 예쁜 눈, 부드러운 목소리, 착한 성격, 똑똑한 머리 등에 대해 이야기할 때 '그건 타고난 거야.'라고 하는 것처럼 말이야. 이런 말도 영어로 표현할 수 있어?

그럼요! 만일 내가 무엇인가를 갖고 태어났을 때 'I was born(나는 태어났다)' 뒤에 'with ~ (~을 가지고)'를 붙여서 'I was born with it!(나 그거 가지고 태어났어! → (난) 그거 타고난 거야!)'와 같이 말할 수 있어요.

그럼, 'be born with(~을 타고나다)' 뒤에 '명사(타고난 것)'를 다양하게 붙여서 말할 수 있겠네?

맞아요! 예를 들면 제가 좋아하는 가수는 고운(아름다운) 목소리를 타고났거든요? 이땐 'She was born with a beautiful voice. (그녀는 고운 목소리를 타고났어요.)'라고 말할 수 있겠죠?

A I was born with dark brown hair.
내 짙은 갈색 머릿결은 <u>타고난 거야.</u>

B I'm so envious of you!
너무 부럽다!

- dark brown 짙은 갈색
- be (so) envious of ~
  ~을 (너무) 부러워하다

잠을 잘못 자서 몸이 불편할 때

▶ WATCH

I slept the wrong way.

잠을 잘못 잤나 봐.
(몸이 불편하네.)

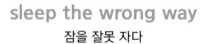

sleep the wrong way
잠을 잘못 자다

- **sleep** (sleep-slept-slept) = 잠을 자다
- **sleep the wrong way** = 잠을 잘못 자다
  - → '**the wrong way**(잘못된 방법(으로))' 대신 '**in the wrong position**(잘못된 자세로)'으로 대체 가능
- **I slept** the wrong way/in the wrong position. = 잠을 잘못 잤어.
  - → 맥락상 '잠을 잘못 자서 몸에 불편한 곳이 있다(목 · 어깨 등이 뻐근하고 아프다)'라는 뉘앙스

엄마가 어제 목을 잘못 두고 잤는지 목을 돌릴 때마다 뻐근하고 아프네. 이렇게 잠을 잘못된 자세로 자면 목이나 어깨 같은 데가 불편할 때가 있잖아. 이때 '잠을 잘못 잤나 봐 (몸이 불편하네).'라고 영어로는 어떻게 말해?

'I slept the wrong way.' 또는 'I slept in the wrong position.' 이라고 말하면 돼요.

아, 잠을 잘못된 자세(방법/방향)로 잤다고 표현하는구나!

네, 그리고 상황이 주어졌으니 '잠을 잘못 자서 불편한 곳이 있다'는 뉘앙스를 갖게 돼요.

아, 엄마가 'I slept the wrong way.'라고 말하면 맥락상 '잠을 잘못 자서 목이 뻐근해.'와 같이 나의 불편한 상태까지 전달이 되는 거네.

A Every time I turn my neck, it hurts.
목을 돌릴 때마다 아파.

B Did you sleep in the wrong position?
<u>잠을 잘못 잤어?</u>

- turn (고개 · 몸 등이 다른 방향을 행하도록) 돌리다
- hurt 아프다

WATCH

I have a canker sore.

혓바늘이 돋았어. / 입안이 헐었어.

have a canker sore
혓바늘이 돋다 / 입안이 헐다

· **canker sore**

= 구내염(입병)

· **have a canker sore**

= 구내염에 걸리다 ▶ 혓바늘이 돋다 / 입안이 헐다

→ '**get**+**병명**(~로 아프다, ~에 걸리다)'으로도 사용 가능

▶ **I got a canker sore**. = 혓바늘이 돋았어. / 입안이 헐었어.

피곤하고 힘들 때 입안이 헐고 까져서 쓰라리거나
혓바늘이 돋아서 아플 때가 있잖아.
이러한 증상을 영어로 쉽게 말할 수 있어?

네! 일단 입안이 헐어서 쓰라리거나 뭐가 나서 아픈 증상을 'canker
sore(구내염)'이라고 해요. 그래서 'I have a canker sore.'라고
하면 입병이 나서 아픈 상태(입안이 헐었어. / 혓바늘이 돋았어. /
입병이 났어.)를 다 표현할 수 있어요.

그럼, canker sore이 생겼을 때 바르는 연고나 약은 뭐라고 해?

여러 가지가 있지만 대표적으로 'canker sore ointment(구내염
연고), get(젤), cream(크림)' 등으로만 말해도 약국에서
금방 찾을 수 있을 거예요.

 Mini Dialogue

A I have a canker sore on the right side of
my tongue.
혀 오른쪽에 혓바늘이 돋았어.

B That must be painful and irritating.
그거 진짜 아프고 거슬리겠다.

- on the right side of ~
  ~의 오른쪽에
- painful 아픈
- irritating 거슬리는·신
  경 쓰이는, 아리게 하는

입 안에서만 맴돌고 말이 안 나올 때

▶ WATCH

I can't get it out.

(알긴 아는데)
말이 안 나와.

get ~ out
(간신히) 말하다

- **get ~ out**
  = ~을 밖으로 내놓다, (간신히) 말하다
- **can't get it out**
  = 말할 수 없다(말을 꺼낼 수 없다) ▶ 말이 안 나오다(말로 표현할 수 없다)
    → '뱅글뱅글 맴도는 생각, 말 또는 말하기 힘든 문제, 고민거리'를 '**it**'으로 지칭하여 표현 ▶ **get it out** = 말하다, (말하기 힘든 문제, 고민 등을) 털어놓다

하고 싶은 말은 머릿속에 다 떠오르는데, 입 안에서 맴돌기만 하고 그 말이 안 나올 때가 있잖아.
이런 상태를 영어로는 어떻게 표현해?

'I can't get it out.'으로 말할 수 있어요.
'(알긴 아는데 입에서 맴돌기만 하고)
말이 안 나와.'라는 의미로 통해요.

아, '뱅글뱅글 맴도는 생각이나 말'을 'it'으로 지칭해서 'can't get it out(그걸 입 밖으로 내놓을 수 없다 → (알긴 아는데) 말이 안 나온다)'로 표현하는구나.

네. 참고로 친구가 꺼내기 힘든 고민이 있어 보일 때도 'get it out(그걸(고민, 걱정거리 등을) 꺼내 놓다 → 털어놓다)'을 써서 'You'll feel better of you get it out.(다 털어놓으면 나아질 거야.)'와 같이 말하면서 토닥여 줄 수도 있어요.

 Mini Dialogue

A Ugh... her name is on the tip of my tongue.
으... 그 사람 이름이 입 안에서 뱅뱅 도는데..(기억이 안 나).

B I know it but I can't get it out, either!
나도 아는데 딱 안 튀어나와!

- on the tip of one's tougue 입 안에서 뱅뱅 도는(분명히 아는데 정확히 기억은 안 나는)
- either (부정문에서) 역시, 또한

55

I'll keep you updated.

어떻게 되어 가는지
알려 줄게.

keep ~ updated
~(누구)에게 (최신 정보·진행 상황을) 계속 알려 주다

- **keep** = 계속해서 ~하다, 유지하다
- **update** = 가장 최근의 소식(정보)을 알려 주다
- **keep ~ updated** = ~에게 새로운 소식(정보)을 계속 알려 주다 ▶ 어떻게 되어 가는지(진행 상황을) 알려 주다
  → 참고로 '**keep ~ posted**(계속해서 ~에게 우편물이 발송되게 하다 / 안내문 등이 게시(공고)되게 하다)'도 맥락에 따라 '(최신 소식(정보), 진행 상황을) ~에게 계속 알려 주다'라는 의미로 쓰여요!

만일 리아가 소개팅을 나가게 된다면, 엄마는 그 소개팅이 어떻게 되어 가는지 상황이 너무 궁금할 것 같아. 그때 리아는 엄마의 궁금증을 덜어 주기 위해 **'어떻게 되어 가는지 알려 줄게요.'**라고 말하며 상황을 전해 줄 수 있잖아? 이런 말도 영어로 궁금하네!

그 말은 'I'll keep you updated.'라고 하면 돼요. 여기서 'updated' 대신 'posted'를 써서 말할 수도 있구요.

아, 'update'가 '최신 정보를 알려 주다'라는 뜻이니까, 'keep A updated(A에게 최신 정보를 계속해서 알려 주다)'는 문맥상 자연스럽게 '(진행 상황이) 어떻게 되어 가는지 알려 주다'라고 해석할 수 있겠네.

네, 'keep A posted'도 직역하면 'A에게 계속해서 우편물(→ 소식 · 정보)이 발송되게 하다'인데요. 이 뜻이 맥락상 발전해서 '소식(최신 정보 · 진행 상황)을 A에게 계속 알려 주다'라는 의미로 많이 쓰여요.

A Let me know how your date is going. OK?
데이트 어떤지 알려 줘. 알겠지?

B I'll keep you updated!
어떻게 되어 가는지 알려 줄게! (계속 소식 업데이트 할게!)

• Let me know how A is going. A가 어떻게 돼 가는지(진행되는지) 알려 줘.

보기만 해도 사랑스러울 때

You are the apple of my eye!

눈에 넣어도 아프지 않을 만큼 사랑스러워!

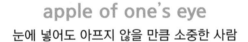

apple of one's eye
눈에 넣어도 아프지 않을 만큼 소중한 사람

- **apple of one's eye** = 눈동자, (눈에 넣어도 아프지 않을 만큼) 소중하게 여기는 사람
  - → 영어권 사람들은 사과처럼 동그란 눈동자의 모양 때문에 눈동자의 동공을 'apple'이라고 부름
- **A is the apple of my eye.** = (A는) 눈에 넣어도 아프지 않을 만큼 사랑스러워 (소중해).
  - → 맥락상 자연스럽게 '보기만 해도 너무 좋다(사랑스럽다) / 보면 눈에 하트가 뿅뿅 생긴다'와 같은 뉘앙스로 해석 가능

엄마들이 자식을 향한 마음을 표현할 때 '눈에 넣어도 아프지 않은 내 새끼'라고 많이 빗대어 말하거든. 그래서 말인데, 그냥 보기만 해도 눈에서 꿀이 뚝뚝 떨어질 만큼 사랑스럽고 소중한 사람을 빗대어 말하는 영어 표현도 있어?

네, 있어요. 'apple of my eye'라고 해요. '눈에 넣어도 아프지 않을 만큼 소중한(사랑스러운) 사람'이라는 표현인데요. 그런 사람을 보면 눈동자에 '하트가 뿅뿅 생기는 것'처럼 예쁜 사과가 그려지는 게 보이잖아요!

그렇지, '눈에서 하트가 뿅뿅' 그려지는 모습을 사과로 표현하는구나. 재미있는 표현이네! 그럼, 문장으로는 어떻게 말할 수 있어?

'You are the apple of my eye!'라고 말할 수 있고요. 또는 'You' 대신 가리키는 대상의 '이름'을 넣거나 'He/She' 등을 넣어서 말하면 돼요.

 Mini Dialogue

A Arin is the apple of my eye.
　Arin은 보고만 있어도 너무 좋아(사랑스러워).

B I can see that.
　딱 봐도 알겠어.

- I can see ~. ~라는 걸 알겠다, ~한 것처럼 보이다.

59

DAY 020

보기 싫고 짜증나는 대상이 있을 때

▶ WATCH

It's an eyesore. / It's a pain in the neck.

눈엣가시야!
(= 눈에 거슬리네!)

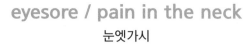

eyesore / pain in the neck
눈엣가시

- **eyesore** = (건물, 사물) 흉물스러운(보기 흉한) 것
- **be an eyesore** = 눈엣가시다(눈에 거슬리다 / 꼴 보기 싫다)
- **pain in the neck** = (사람, 상황/사물) 문제 인물, 골칫거리
  → 'neck(목)' 대신 'ass(엉덩이)'를 써서 '짜증'을 더 표현할 수는 있으나 예의를 갖추거나 격식을 차리는 상황에서는 자제!
- **be an pain in the neck/ass** = 눈엣가시다(주는 것도 없이 밉다 / 골칫거리다 / 성가신 일 · 사람이다 / 애물단지이다)

한국어로는 나를 불편하게 해서 꼴보기 싫은 사람이나 사물 모두 '눈엣가시'라고 하거든.
영어로도 그런 말을 해?

네. 영어로는 'eyesore'이라고 하는데요.
이건 보기 싫은 건물이나 물건 등에 더 많이 쓰고,
골치 아프게 해서 꼴 보기 싫은 사람, 상황이나 사물은
'a pain in the neck/ass'라고 해요.

아, 'eye(눈)'에다가 'sore(아픈)'을 붙여서 '눈에 (통증으로) 거슬리는 것 → 보기 흉한 것(건물·사물)'이란 의미로 활용되는구나! 'a pain in the neck/ass'도 직역하면 '목에 통증/엉덩이에 느껴지는 아픔'인데, 그만큼 불편함을 느끼게 하는 '골칫거리'나 '미워서(싫어서) 눈에 거슬리는 사람'으로 이해하면 되겠네!

네, 일상생활에서 불편을 주는 것을 통증으로 비유해서 말하는 표현이에요. 대신 이 두 표현을 상황에 맞게(건물인지 사람, 사물인지) 구별해서 써야 해요.

 Mini Dialogue

A The old building is an eyesore in this neighborhood.
저 낡은 건물은 이 동네 흉물이야.

B Agreed!
맞아!

- neighborhood 동네
- Agreed! 동의해! (맞장구칠 때) 맞아!

Review Quiz

01 (Is it) For _____?

그거 실화임?

02 Let's _____ in!

나눠 내자! (= 십시일반 하자!)

03 You need to get it _____!

정신 좀 차려!

04 I was _____ with it.

그건 타고난 거야.

05 I slept the _____ way.

잠을 잘못 잤나 봐. (몸이 불편하네.)

06 I have a _____.

헛바늘이 돋았어. / 입안이 헐었어.

07 I can't get it _____.

(알긴 아는데) 말이 안 나와.

08 I'll keep you _____.

어떻게 되어 가는지 알려 줄게.

09 You are the _____ of my eye!

눈에 넣어도 아프지 않을 만큼 사랑스러워!

10 It's an _____. / It's a _____ in the neck.

눈엣가시야! (= 눈에 거슬리네!)

06 canker sore 07 out 08 updated 09 apple 10 eyesore / pain

DAY

021 ~ 030

YOU CAN DO IT!

CHEER UP!!

커플룩처럼 서로 어울리게 입었을 때

▶ WATCH

I like how we match today!

우리 오늘 커플룩인데!

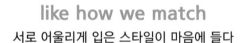

like how we match
서로 어울리게 입은 스타일이 마음에 들다

- **match** = 어울리다, (색깔 · 무늬 · 스타일이 서로) 맞다
- **how we match**
  = 우리가 (서로) 어울리게 입은 스타일/모습/방식
- I like **how we match** today.
  = 우리가 오늘 (서로) 어울리게 입은 스타일이 마음에 들어. ▶ 우리 오늘 (커플룩처럼) 맞춰 입은 스타일이 마음에 들어.
  → 맥락상 자연스럽게 '우리 오늘 커플룩인데! (마음에 들어.)'와 같은 뉘앙스로 해석 가능

한국에서는 연인끼리 같은 옷이나 비슷한 옷을 맞춰 입고 '커플룩'을 입었다고 하거든. 영어로도 그렇게 말해?

아니요! 영어로는 '커플룩'이란 말이 없어요.

그럼, 커플룩처럼 누군가 나와 비슷한 스타일의 옷을 입었는데 마음에 들 때는 영어로 뭐라고 표현할 수 있어?

그때는 'I like how we match today!'라고 하면 돼요. 비슷한 옷을 입었지만 서로 칭찬하면서 웃을 수 있는 분위기가 될 거예요.

한국에서도 꼭 연인 사이가 아니어도 서로 비슷한 색감이나 스타일의 옷을 맞춰 입은 것처럼 보일 때 '우리 오늘 커플룩 입었네/커플룩인걸!'과 같은 말을 하거든. 그럼 'I like how we match today!'가 '우리 오늘 커플룩인데!'와 같은 뉘앙스의 표현인 거네.

A Aww, I like how we match today!
와, 우리 오늘 옷 맞춰 입은 게 마음에 드는데!
(우리 오늘 커플룩인데!)

B Yeah, we look like twins!
맞아, 우리 꼭 쌍둥이 같다!

- look like ~ ~처럼 보이다
- twins 쌍둥이

목이 쉬었을 때

WATCH

My voice is getting hoarse.

목소리가 쉬었어.

get hoarse
목이 쉬다

- **hoarse** = (목이) 쉰
- **get hoarse** = 목이 쉬다, 목이 잠기다
  → '**get+형용사**'는 '상태의 변화'를 나타내기 때문에 '**get hoarse**'는 '목이 쉰 상태로 변하다'라는 뉘앙스
- **be getting hoarse** = 목이 쉬었다(목소리가 쉬기 시작했다)
  → '**be getting+형용사**'는 '점점 ~해지고 있다'라는 뉘앙스

말을 너무 많이 해서 목이 피곤하거나, 감기에 걸렸을 때 목이 잠겨서 목소리가 변하거나 제대로 안 나올 때가 있잖아. 이때 '**목이 쉬었어.**' 라는 말을 자주 하는데, 영어로 가장 잘 맞는 표현은 뭐야?

'My voice is getting hoarse.'라고 하거나 'My voice got hoarse.'라고 표현해요. 'hoarse'는 '(목이) 쉰'이란 뜻을 나타내고요. 목이 안 좋아서 목소리가 제대로 안 나오거나 목소리가 변해서 들리는 거니까 'my voice'를 주어로 넣어 말해요.

그렇구나! 그럼 'hoarse(목이 쉰)'는 동물을 가리키는 'horse(말)'랑 발음이 같아?

네! 철자는 다르지만 발음은 같아서 더 쉽게 말할 수 있을 거예요.

A My voice is getting hoarse and cracking.
내 목소리가 점점 쉬고 갈라져.

B Try some cough drops.
They'll be helpful.
기침 날 때 먹는 사탕(목캔디) 좀 먹어 봐.
도움이 될 수 있어.

- crack 갈라지다
- cough drop (기침을 덜어 주는) 목캔디, 사탕

You killed the vibe.

네가 분위기 다 깼어.
(= 초 쳤어.)

kill the vibe
분위기를 깨다

- **vibe** = 분위기
- **kill the vibe** = 분위기를 깨다, 초를 치다
  - → 참고로 '**throw/pour cold water**(찬물을 끼얹다/붓다)'도 동일한 뉘앙스의 표현이랍니다.
  - → 요즘 신조어인 '갑분싸(갑자기 분위기 싸해짐/썰렁해짐)'의 뉘앙스로도 활용 가능해요.

한껏 분위기가 좋은데 누군가 갑자기 찬물을 확 끼얹어서 분위기가 썰렁해질 때가 있잖아. 이때 '**분위기를 깨다, 초를 치다**'와 같은 말로 상황을 표현하는데, 영어로도 이런 표현이 있어?

네. 'vibe(분위기)'를 써서 'kill the vibe(분위기를 죽이다 → 분위기를 깨다)'라고 하거나 'throw/pour cold water (찬물을 끼얹다/붓다)'라고 표현해요.

아, 영어로도 똑같이 '분위기를 죽이다, 찬물을 끼얹다'라고 표현하는 구나. 그럼 이 표현을 써서 장본인에게 'You killed the vibe.(네가 분위기 다 깼어.)' 또는 'You threw cold water.(네가 찬물을 끼 얹었어.)'라고 말하며 살짝 핀잔을 줄 수도 있겠네.

네, 초를 쳐서 '분위기가 썰렁해졌잖아.'라는 뉘앙스도 나타내요. 얼마 전에 알게 된 재미있는 말이 있는데요? '갑자기 분위기 싸해졌네.'라는 말을 줄여서 '갑분싸'라고 한대요. 맥락상 이 뉘앙스로도 활용할 수 있겠죠?

 Mini Dialogue

A I'm so excited that I got 100% on my math test!
수학 시험에서 100점 받아서 진짜 기분 좋아!

B It was super easy!
그거 너무 쉬웠잖아!

A Stop killing my vibe!
<u>초 좀 그만 쳐!</u>

- **excited** 신이 난(진짜 기분 좋은)
- **super easy** 최고로(정 말/너무) 쉬운(*super (극도로, 대단히)를 붙 여서 강조)

▶ WATCH

I'm not letting you get away with it again!

그냥 못 빠져나가!
(= 너 이번에는 안 봐줘!)

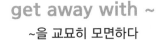

get away with ~
~을 교묘히 모면하다

- **get away with ~** = (벌칙 등을) 교묘히 빠져나가다/모면하다
- **let you get away with it**
  = (상대방이 그걸) 교묘히 빠져나가도록 내버려 두다 ▶ 봐주다
- **I'm not letting you get away with it again.**
  = (너 딱 걸렸어!) 다시는 봐주지 않을 거야.(= **I won't let you get away with this again.**) ▶ 이번에는 안 봐줘. / (너) 그냥 못 빠져나가.

나쁜 짓을 했는데도 교묘히 빠져나가는 사람들이 있잖아. 그러다가 딱! 걸려서 '**이번엔 못 빠져나가!**'라는 의미로 '**안 봐줄 거야!**'라고 엄포를 놓는데, 영어로도 이렇게 표현할 수 있어?

네! 그럴 땐 'I'm not letting you get away with it (again)!'으로 말하면 '다시는 빠져나가도록 두지 않을 거야! → 안 봐줄 거야!'라는 표현이 돼요.

아, 'get away with ~'가 '~을 슬쩍 빠져나가다/모면하다'라는 뜻을 나타내는 거야?

네, 슬쩍 빠져나가는 거니까 '얍삽하다'라는 뉘앙스도 나타내요. 참고로 'I won't(will not) let you get away with it/this again!(다시는(이번엔) 안 봐줄 거야!)'으로 말해도 동일한 의미를 나타내요.

 **Mini Dialogue**

A I don't even think about cheating on you!
난 너 속일 생각 전혀 없어!

B You shouldn't.
I won't let you get away with it again!
그러면 안 되지.
다신 안 봐줄 거야!

- do not even think about ~ ~을 전혀 생각조차 하지 않다
- cheat on ~ ~을 속이다

Let's get this over with quickly!

후딱 해치워 버리자!

---

get ~ over with
빨리 끝내다

- **get ~ over with**
  = (원치 않지만 해야 할 일을) 해내다, 끝내다
    → `get ~ over (and done) with`도 동일한 의미(~을 끝내다)로 활용
- **Let's get this/it over with quickly.**
  = (속 시원하게 차라리) 빨리 이걸 해 버리자. ▶ 얼른 끝내자. ▶ 후딱 해치워 버리자.

어떤 일을 끝내야 하는데 그 일이 마음에 달갑지 않거나 귀찮아서 계속 미룰 때가 있잖아. 그럴 때 '하기 싫은 일을 차라리 빨리 끝내 버리고 속 시원하게 있자'라는 의미로 '얼른 끝내자. / 후딱(빨리) 해치워 버리자.'와 같은 말을 하면서 서로를 또는 스스로를 독려하게 되거든. 영어로도 그런 말을 해?

그럼요! 'Let's get this over with (quickly).'라고 하면 그런 의미로 한 번에 통해요.

정말? 그럼, '일을 싹 마무리하고 마음 편하게 있자.'라는 뉘앙스로도 전달되는 거야?

네! 어차피 할 일을 끝내서 '속 시원하게/후련하게 있자'라는 의미까지 다 포함하고 있어요.

A I hate doing presentations at work.
직장에서 프리젠테이션 하는 거 너무 싫어.

B Let's get this over with! You'll be glad when it's over and done with.
어서 이 일 끝내자! 다 끝내면 후련할 거야.

- hate V-ing ~하는 것을 (몹시) 싫어하다
- do presentations 발표 (프리젠테이션)를 하다

75

I have a gut feeling (about it).

직감이 들어. (= 촉이 왔어.)

---

have a gut feeling
직감(예감)이 들다

· **gut feeling** = (본능적인) 직감, 촉

　→ 'gut'은 '내장'을 말하는데, 감정이 뱃속 깊은 데서 나온다고 믿었기에 직감을 'gut feeling'으로 말했다고 해요.

· **have a gut feeling (about ~)**

　= (~에 대한) 직감이 들다, 촉이 오다

　　→ 참고로 'guts(복수 형태)'는 '배포, 배짱'을 뜻하기 때문에 단수와 복수를 구분해서 쓰는 것에 유의!

뭔가 딱 꼬집어서 논리적으로 설명할 수는 없는데, 왠지 모르게 본능적으로 어떠한 '감'이 느껴질 때가 있잖아. 그러한 상황을 '직감/예감이 들어.' 또는 '촉이 왔어.'와 같은 말로 표현하는데, 영어로도 그런 말을 할 수 있어?

영어로는 'I have a gut feeling (about it).'으로 많이 말해요.

'gut'은 '(위장 속) 내장'을 말하니까 'gut feeling'이라고 하면 내 몸의 깊은 곳(내장)에서 반응하는 느낌 즉, '본능적으로 느껴지는 감' 이라고 이해하면 될까?

네! 그래서 'have a gut feeling'이라고 하면 직감/예감을 갖게 되는 거니까 자연스럽게 '직감/예감이 들다, 촉이 오다'와 같이 이해할 수 있어요. 참고로 'guts'처럼 복수로 말하면 '배포' 또는 두둑한 '배짱'을 뜻하게 되니까 구별해서 써야 해요.

 Mini Dialogue

A I have a gut feeling that something bad is gonna happen today.
오늘 뭔가 안 좋은 일이 생길 것 같은 촉이 와.

B Enough! Your gut feeling is almost always wrong.
좀 작작해! 너의 감은 맞은 적이 거의 없잖아.

- **happen** 일어나다, 생기다, 발생하다
- **enough** 충분한 (맥락상 '할 만큼 했다'는 뉘앙스로 '작작해'라고 해석)
- **almost always** 거의 항상

It is
mother's intuition!

엄마의 촉(직감)이지!

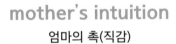

mother's intuition
엄마의 촉(직감)

- **intuition** = 직관력, 직감, 직관

  * **intuition vs. instinct / gut feeling**

  → 'intuition'은 경험적 기억을 바탕으로 한 추리, 판단이 포함된 '직관'에 해당하는 반면, 'instinct / gut feeling'은 순간적으로 느끼는 '본능'이나 '예감'을 나타내요.

- **be mother's intuition**

  = 엄마의 촉(직감)이다

우리가 어제 'instinct(직감)'에 해당하는 표현인 'gut feeling(본능, 직감, 촉)'을 배웠는데, 관련해서 평상시에 '엄마의 촉이 있지. / 엄마의 직감이야.'라는 말도 많이 하잖아. 이런 '엄마의 촉(직감)'도 'gut'으로 말하면 될까?

그건 'mother's intuition'이라고 해요. 엄마들은 마치 초능력자처럼 애들이 말썽을 부리나 안 부리나 다 보고 아는 것 같아요. 그게 바로 엄마의 촉이죠!

아, 엄마의 촉을 말할 땐 'intuition(직감, 촉)'을 쓰는구나! 엄마들은 이미 겪어 봤기 때문에 아이들이 무슨 생각하는지, 무엇을 하는지 다 추리하고 판단할 수 있는 거지. 그럼, '**엄마의 촉이 있어. / 엄마의 직감이지.**'와 같이 말하려면 어떻게 해?

간단해요. 'It's mother's intuition.'이라고 하면 돼요. 진짜 엄마의 촉은 위대한 것 같아요! 말하지 않아도 제게 무슨 일이 있었는지, 제가 무슨 생각하는지 엄마는 다 알잖아요!

 Mini Dialogue

A Mom, how did you know that?
엄마, 어떻게 아셨어요?

B It's mother's intuition!
엄마의 촉(직감)이지!

- How did you ~? 어떻게 ~했어요?
- know 알다

배짱이 두둑한 사람을 말할 때

▶ WATCH

He has guts.

그 사람은
배짱이 두둑해.

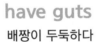

have guts
배짱이 두둑하다

- **guts** = 용기, 배짱, 근성
  → 앞서 배운 단수 형태인 '**a gut (feeling)**'으로 말하면 '직감/촉'을 뜻하게 되니
    복수 형태인 '**guts**'와 구별해서 사용하세요!
- **have guts** = 용기 있다, 배짱이 있다(두둑하다), 배포가 있다, 담력이 좋다
  → 참고로 '**have the guts to do**(~할 배짱이 있다)'에서는 '특정한 일/활동을
    할 수 있는 배짱'을 지칭하는 것으로 '**the**'를 넣어 말하는 것에 유의!

요전에 '(본능적인) 직감, 촉'을 뜻하는 'gut feeling'을 배울 때 리아가 'guts'처럼 복수로 쓰면 '배포, 배짱'이라는 의미가 된다고 했잖아? 용기 있는 사람을 말할 때, '배포가 있다, 배짱이 두둑하다'라는 말을 줄곧 쓰거든. 영어로는 이 말을 어떻게 할 수 있어?

'He/She has guts.(그 사람은 배포가 있어/배짱이 두둑해.)'라고 말하면 돼요. 이 말은 곧 '용기가 있다'라는 말이에요.

아, 'have guts(용기/배짱을 갖고 있다 → 용기 있다 / 배짱이 두둑하다)'를 써서 말하면 되는구나. 그럼, 이 표현 대신 'be brave(용감하다)'로 바꿔 써도 되는 거야?

네, 'He/She is brave.(그 사람은 용감해.)'라고 말할 수도 있어요. 그런데, 어떤 맥락에서는 '용감하다'라는 말 대신 '배포가 있다, 배짱이 두둑하다'라는 말이 더 잘 어울릴 수 있으니 맥락에 따라 알맞게 쓰는 게 좋아요.

A Brave people have the guts to fight for justice.
용감한 사람들은 정의를 위해 싸우는 배포가 있어.

B So do leaders.
지도자들이 그렇잖아.

- fight for ~ ~을 위해 싸우다
- have the guts to do ~하는 배포(용기·배짱)가 있다
- justice 정의

▶ WATCH

You don't need to be in a rush.

너무 급하게 안 해도 돼.

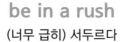

be in a rush
(너무 급히) 서두르다

- **rush**
  = 급한 상황, 서둘러야 할 필요, 서두르다
- **be in a rush**
  = (조)급하다, 서두르다
- **do not need to be in a rush**
  = 서두를 필요가 없다, 급하게 안 해도 된다
  → '**do not need to+동사**'는 '~할 필요가 없다'라는 의미

우리가 습관처럼 자주 하는 말 중에 '빨리 빨리'라는 말이 있잖아. 그런데 사실 급하게 서두르지 않아도 되는 경우가 많거든. 그럴 때 사용할 수 있는 말이 영어로 궁금하네.

그땐 'You don't need to be in a rush.(서두를 필요 없어. / 급하게 안 해도 돼.)'라고 말하면 돼요. 바쁘게 서둘러야 하는 상황을 'rush'라고 하는데 'be in a rush'라고 하면 급하게 서둘러야 하는 상황에 있는 거잖아요. 이 앞에 '그럴 필요가 없다(do not need to ~)'를 넣어서 말하면 돼요.

그렇게 설명해 주니까 이해가 잘 되는데? 그럼, '(영어로 말할 때) 빨리 말할 필요는 없어.'라든가 '(식사할 때) 급하게 먹지 않아도 돼.'와 같은 말을 하는 경우에도 이 표현을 쓸 수 있는 거야?

네, 어떤 상황이든 급할 게 없을 때 '천천히 해도 돼.'라는 의미로 쓸 수 있어요.

A I get nervous when I speak English, so I tend to speak fast.
영어로 말할 때 긴장돼서 (자꾸) 빨리 말하려고 해.

B You don't need to be in a rush.
전혀 급하게 말할 필요 없어. (침착하게 해도 돼.)

- get nervous 긴장이 되다
- tend to do ~하는 경향이 있다, ~하는 편이다

My legs fell asleep.

다리가 저려.

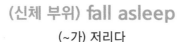

(신체 부위) fall asleep
(~가) 저리다

· **(신체 부위) fall asleep**

= ~(다리, 손, 발 등)이 저리다

→ 대화할 땐 일반적으로 '과거형(**fell asleep**)'으로 쓰며 '현재형(**fall asleep**)'
을 쓸 땐 '늘(항상) 습관적으로 나타나는 현상'을 의미해요.

*참고 : (신체 부위) **be cramping** / **be getting a cramp**

= ~에 쥐가 나다(경련이 생기다) → **My leg is getting a cramp.**

/ **My leg is cramping.** = 다리에 쥐가 나.

우리가 양반다리를 하고 있는 것처럼 한 자세로 오래 앉아 있다 보면 다리가 저릴 때가 있잖아. 그때 영어로는 뭐라고 말해?

'My legs fell asleep.(다리가 저려.)'으로 말해요.

직역하면 '다리가 잠들었다'는 거네? 재미있는 표현이네! 그런데 갑자기 다리에 경련이 나서 못 움직일 때도 있잖아? 이땐 '다리에 쥐가 났다'라고 말하거든. 영어로도 다르게 표현해?

네, 영어에서도 구분해서 말해요! 'fell asleep'은 마치 다리가 잠든 것 같이 '피의 순환이 멈춰 버려서 다리가 제대로 기능을 못하는 상태'를 말해요. 반면에 몸의 한 부분에 경련이 났다면 'cramp(경련/쥐, 경련을 일으키다/쥐가 나게 하다)'를 써서 말하는데요. 만약 다리에 쥐가 났다면 'My leg is getting a cramp.' 또는 'My leg is cramping.'이라고 말하면 돼요.

A I can't move because my legs fell asleep.
다리가 저려서 움직일 수가 없어.

B When I sit cross-legged, my legs tend to get cramped.
나도 양반다리 자세로 앉으면 다리에 쥐가 나.

- sit cross-legged 양반다리 자세로 앉다
- tend to ~ ~하는 경향이 있다(~하는 편이다)

Review Quiz

01 I like how we _____ today!

우리 오늘 커플룩인데! (마음에 들어.)

02 My voice is getting _____.

목소리가 쉬었어.

03 You killed the _____.

네가 분위기 다 깼어. (= 초 쳤어.)

04 I'm not letting you get _____ with it again!

그냥 못 빠져나가! (= 너 이번에는 안 봐줘!)

05 Let's get this _____ with quickly!

후딱 해치워 버리자!

06 I have a _____ feeling about it.

직감이 들어. (= 촉이 왔어.)

07 It is mother's _____!

엄마의 촉(직감)이지!

08 He has _____.

그 사람은 배짱이 두둑해

09 You don't need to be in a _____.

너무 급하게 안 해도 돼.

10 My legs fell _____.

다리가 저려.

06 gut 07 intuition 08 guts 09 rush 10 asleep

DAY
031 ~ 040

YOU CAN DO IT!

CHEER UP!!

상대방이 겁쟁이처럼 굴 때

▶ WATCH

Don't be such a scary cat!

겁쟁이처럼 굴지 마!

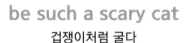

be such a scary cat
겁쟁이처럼 굴다

- **scary cat**
  = (슬랭) 겁쟁이 (*상대를 비아냥거리는 말)
- **be such a scary cat**
  = 겁쟁이처럼 굴다
  → 'such(너무 ~한)'는 정도를 강조하는 부사로 'such+(a)+형용사+A(명사)'의 형태로 쓰여 '그렇게/정말/진짜 ~한 A'라는 의미를 나타내요.
  → 참고로, 아이들 사이에서는 소심하고 겁 많은 남자아이를 가리켜 'sissy(겁쟁이, 찌질이)'라고 비아냥거리며 말해요.

상대방이 너무 소심하게 행동하거나 겁쟁이처럼 행동할 때 '(그렇게/너무) 겁쟁이처럼 굴지 마'라고 핀잔을 주기도 하잖아. 이런 말은 영어로 어떻게 해?

'Don't be such a scary cat!(그렇게(그러한) 겁쟁이가 되지 말아라! → 그렇게 겁쟁이처럼 굴지 마!)'으로 말해요. '겁쟁이'를 말할 때 'scary cat'을 많이 쓰는데, 아이들 사이에서는 'sissy(여자아이 같은 남자아이를 말하는 속어)'라는 단어를 많이 써요. 남자아이가 여자아이처럼 소심하게 행동할 때 'You are such a sissy! (넌 정말 (여자애처럼) 겁쟁이야!)'라는 말을 많이 해요.

그렇구나! 그런데 아이들 사이에서 'sissy'라는 말을 들으면 기분이 나쁘겠다. 언뜻 보면 'sister'을 줄여 말하는 'sis'랑 비슷한데, 뜻이 완전히 달라서 조심해야겠네. 그렇지?

네! 나쁜 말은 하지 않으면 더욱 좋겠지만, 못 알아듣으면 더 무시당할 수 있으니깐 알아 두는 게 좋아요!

🔊 **Mini Dialogue**

A You scared me! I almost had a heart attack.
(너 때문에) 놀랐잖아! 심장마비 걸리는 줄 알았네.

B Don't be such a scary cat!
겁쟁이처럼 굴지 마!

- scare 겁주다, 겁먹게 (놀라게) 하다
- heart attack 심근 경색, 심장마비

선생님 관심을 독차지하는 애를 말할 때

▶ WATCH

She is
the teacher's pet.

걔는 선생님이 예뻐하는 애야.

teacher's pet
선생님의 관심을 독차지하는 아이

• **teacher's pet**

= 선생님의 마음에 든 학생, (특히 어린아이들 사이에서) 선생님 관심과 사랑을
독차지하는 아이

→ '선생님의 애완동물'처럼 선생님의 관심과 사랑을 독차지하기 위해 특정한
행동을 하는 학생을 가리키는 표현이에요. 다른 학생 입장에서는 선생님한
테 잘 보이려고 하는 '얄미운 느낌의 학생'이랍니다.

학교에서 유난히 선생님 주변을 맴돌면서 심부름도 하고, 선생님의 관심을 독차지하려는 아이들이 있잖아. 그런 아이를 일컫는 말이 있던데, 그게 뭐야?

그런 아이를 'teacher's pet'이라고 해요.

그럼, 친구들 사이에서 'He/She is the teacher's pet.'이라고 말하면 다 알아들어?

네! '걔는 선생님이 유난히 예뻐하는 애야. / 걔는 선생님의 관심을 독차지하려는 애야.'와 같은 의미로 쓰여요. 그런데 'teacher's pet'은 다른 애들보다 선생님한테 더 예쁨을 받으려고 행동을 하는 아이이기 때문에 그 아이를 비꼬는 말이에요.

A Susie is always around Mrs. Van.
Susie는 항상 Van 선생님 주변에 있어.

B I know. She is a teacher's pet.
맞아. 걘 선생님한테 관심을 독차지하려고 하는 애잖아.

- be around ~ ~ 주변에 있다
- I know. (상대방 말에 동의 · 공감을 나타내며 맞장구칠 때) 맞아(그래).

WATCH

DAY 033

선생님이 차별대우를 할 때

My teacher shows favoritism toward him.

선생님은 쟤만 예뻐해.

show favoritism toward ~
~(누구)를 편애하다

- **favoritism**
  = 편애(어느 한 사람이나 한쪽만을 치우치게 사랑함)
- **show favoritism toward ~**
  = ~를 향한 편애를 보이다 ▶ ~를 편애하다(차별대우하다)
  → 맥락상 자연스럽게 '~를 더 예뻐하다 / ~만 예뻐하다'라고 해석
  → 참고로, 동일한 뜻을 가진 'play favorites (with ~)'도 많이 사용해요.

그럼, 앞서 배운 'teacher's pet'과 반대로 선생님이 특정 아이를
다른 아이들보다 더 예뻐하는 경우가 있잖아. 그렇게 선생님이
차별대우하는 경우는 영어로 어떻게 말할 수 있어?

'My teacher shows favoritism toward her/him.
(선생님은 쟤만 예뻐해.)'이라고 말할 수 있어요.
한쪽만 치우쳐서 더 사랑하고 예뻐하는 것을
'favoritism(편애)'이라고 해요.

아, 더 좋아하는 마음을 특정한 사람한테만 보여 주는 거니까 'show
favoritism toward+대상(~(누구)를 편애하다/더 좋아하다)'으로
말할 수 있는 거구나.

맞아요! 같은 뜻의 표현으로 'play favorites (with+대상) =
(~(누구)를 편애하다'도 많이 쓰여요. 'favorites'가 '특별히
좋아하는 사람'을 말하는데 '복수형'으로 쓰여요.
'play'는 'show'와 동일한 뜻을 갖는다고 보면 되고요.

A My teacher shows favoritism toward
Jenny.
선생님은 Jenny만 예뻐해.

B I hate it when she plays favorites in class.
나도 선생님이 반에서 차별할 때 정말 싫어.

• **play favorites** 편애하
다(차별하다)

DAY 034

인터넷 연결 문제가 발생했을 때

▶ WATCH

My computer is glitching/lagging.

컴퓨터가
버벅거려/렉 걸렸어.

be glitching/lagging
버벅거리다/렉 걸리다

- **glitch** = 작은 문제(결함), (컴퓨터의) 사소한 장애
  - → 컴퓨터(인터넷)에 장애가 생겨 제대로 작동하지 않거나 속도가 느려지는 현상이 나타날 땐 'glitch'에서 확장된 표현인 '**be glitching**(버벅거린다)'으로 표현할 수 있어요.
- **be glitch**ing **(like crazy)** = (심하게) 버벅거리다
- **lag** = 뒤에 처지다, (기기의 작동이) 느려지다
- **be lag**ging = 렉 걸리다(컴퓨터 · 인터넷이 느려지거나 끊기는 현상)

요즘에는 모든 것을 컴퓨터로 하잖아. 그런데 컴퓨터를 사용하다 보면 시스템ㆍ인터넷상 문제가 생겨서 컴퓨터가 버벅거리거나 렉이 걸려서 불편할 때가 있거든. 이런 상황을 영어로는 어떻게 표현해?

컴퓨터가 버벅거려서 잘 안 될 때는 'My computer is glitching.'이라고 하고요. 렉이 걸렸을 때는 'My computer is lagging.'으로 말해요.

'glich'는 작은 문제나 결함을 말하는데, 컴퓨터가 버벅거린다고 할 때 'be gliching'이라고 표현하는구나. 그리고 '렉 걸렸다'라는 말은 영어 'lag'과 한국어가 결합된 말이었네?

네, 맞아요. 'lag'는 컴퓨터와 같은 기기의 작동이 느려져서 중간에 끊기는 현상을 말해요. 요즘엔 온라인 수업을 많이 해서 이런 표현은 꼭 알아 둬야 해요.

A My computer is glitching.
제 컴퓨터가 버벅거리면서 잘 안 돼요.

B Call the tech center when it lags or freezes.
렉이 걸렸거나 멈춰 버렸을 때에는 기술 지원 센터에 연락하세요.

- **tech center** 기술 지원 센터
- **freeze** (컴퓨터ㆍ인터넷이) 완전히 멈춰 버리다

음향 연결 문제가 발생했을 때

▶ WATCH

It is echoing.
It has static.

소리가 울려.
소리가 지직거려.

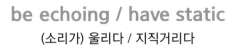

be echoing / have static
(소리가) 울리다 / 지직거리다

- **echo**
  = (소리의) 울림, 메아리, (소리가) 울리다, 메아리치다
- **be echoing**
  = (소리가) 울리(고 있)다
- **static**
  = 잡음(전기가 흐르지 않아 지직거리는 소리가 나는 것)
- **have static**
  = 잡음이 있다, (소리가) 지직거리다

온라인 수업을 듣거나 화상 회의·통화를 할 때 음향에 문제가 발생해서 해결해야 할 때가 있잖아? 그때 '**소리가 울려요/지직거려요.**'와 같이 문제 상황을 설명해야 하는데, 영어로는 어떻게 말해?

소리가 메아리처럼 울려서 들리면 'It is echoing.'으로 말하면 되고요. 지직거리는 소리와 같은 잡음이 난다면 'It has static.' 이라고 말하면 돼요.

아, echo는 '소리가 울리다, 메아리치다(동사)'라는 뜻을 갖고 있어서 'be echoing'으로 상태를 표현하고, 'static'은 '잡음(명사)'이란 뜻이 있어서 'have static(잡음을 가지고 있다 → 지직거리다)'으로 표현하는구나! 그런데, 지직거리는 현상은 잡음이 계속 일어나는 거잖아? 복수형을 써서 'It has statics.'라고 말해도 돼?

지직거리는 잡음은 한 덩어리처럼 생각해서 복수형으로 쓰지 않고, 'It has static.'처럼 '단수'로만 말해야 해요.

 Mini Dialogue

A It keeps echoing even when I turn down the volume.
소리를 줄여도 계속 <u>올려</u>.

B It has static, too.
<u>지직거리는 소리</u>도 들려.

- keep V-ing 계속 ~하다
- turn down the volume
  음량을 낮추다(소리를 줄이다)

I want to disown him!

저 녀석을
호적에서 파 버려야지 원!

disown
인연을 끊다

- **disown ~** = ~(누구)와 인연을 끊다/절연하다
- **want to disown+대상**
  - → 직역하면 '~와 인연을 끊고 싶다'이지만, 맥락상 화자가 '그만큼 화가 나 있다' 라는 뉘앙스를 표현하는 거겠지요?
- I want to **disown him/her**!
  = (저 녀석을) 호적에서 파 버려야지 원!
    - → 동일한 뉘앙스로 'I'll kick you out of this family.(이 집안에서 (널) 쫓아 낼 거야.)'라고 말할 수도 있어요.

얼마 전 한국 드라마를 보다가 리아가 '**호적에서 파 버린다**'라는 말이 무슨 뜻인지 물어본 적이 있잖아? 이렇게 가족 중 누군가와 인연을 끊거나, 집에서 쫓아 버린다고 할 때 쓸 수 있는 영어 표현이 있어?

네. 인연이나 관계를 끊을 땐 'disown+대상(~와 관계를 끊다)'을 써서 말해요. 또는 'kick out of ~(~에서 쫓아내다)'를 써서 'kick+대상+out of this family(이 집안에서 ~를 쫓아내다)'라고 표현할 수도 있어요.

그렇구나, 영어로도 그런 말을 많이 해?

한국 드라마에서처럼 미국에서도 드라마틱한 상황에서는 이 말을 해요! 자녀 때문에 극도로 화가 난 부모가 'I want to disown him! (저 녀석을 호적에서 파 버려야지 원! → '관계를 끊고 싶을 정도로 화가 났다'는 뉘앙스)'이라고 말하는 것처럼요.

 **Mini Dialogue**

A If I don't go to college my parents will disown me.
대학에 안 가면 우리 부모님은 날 호적에서 파 버릴 거야.

B What kind of parents kick their kids out of the family just because of that?
어떤 부모님이 단지 그런 것 때문에 자기 자식을 쫓아내니?

• what kind of ~ 어떤 종류의('what kind of parents'는 직역하면 '어떤 (종류의) 부모'인데, 문맥상 '어떤 부모가 그러니?'라는 의미)

It's(Time slots are) back to back.

일정이 너무 빡빡해.

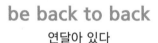

be back to back
연달아 있다

- **back to back**
  = 서로 등을 맞대고, 꼬리에 꼬리를 물고, 연이어
- **be back to back** = 연달아(잇따라) 있다
- **It is back to back.** = 일정이 연달아 있어. ▶ 일정이 너무 빡빡해.
  → '시간(대)'를 가리키는 비인칭 주어 '**it**' 대신 '**time slot**(시간 간격/시간대)'을 넣어 '**Time slots are back to back**.'으로도 표현해요.

쉬는 시간도 없이 수업이 계속 있거나, 회의 등의 스케줄이 쉴 틈 없이 계속 이어지는 경우가 있잖아. 그렇게 일정이 빡빡하게 연달아 있을 때 영어로는 어떻게 표현해?

'It's back to back.'이라고 해요.
또는 'it' 대신 'time slot(시간 간격)'을 써서
'Time slots are back to back.'으로 말할 수도 있어요.

아! 'back to back'이 '서로 등을 맞대고 있는' 거니까 일정이 계속 꼬리에 꼬리를 물고 이어지는 것을 뜻하게 되는 거구나?

네, 맞아요! 일정이 연달아 있어서 시간 간격이 너무 빡빡할 때 쓸 수 있는 표현이에요. 참고로 'Time slots are back to back.'은 일정과 일정 사이의 시간 틈들이 다닥다닥 연이어져 있는 것을 표현하는 거니까 '복수'로 사용한다는 점 유의하세요!

A Can we have a meeting tomorrow and the day after tomorrow?
우리 내일과 내일모레 회의할 수 있을까요?

B That doesn't work for me. It's too back to back.
힘들 것 같아요. 그건 너무 빡빡해요.

- the day after tomorrow
  모레
- too 너무 (~한)

I'm fully booked.

일정이 꽉 차 있어.
(= 바빠서 시간을 못 내.)

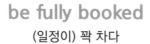

be fully booked
(일정이) 꽉 차다

- **be booked**
  = 예약되다, 스케줄이 있다
- **be fully booked**
  = (예약이나 스케줄이) 꽉 차다
- **I am fully booked.**
  = 난 (약속이나 스케줄 등으로) 일정이 꽉 차 있어.
  → '일정이 꽉 차 있어서(바빠서) 시간을 못 낸다 / 시간이 안 된다'라는 뉘앙스

바쁜 상황을 표현하는 여러가지 표현이 있지만, (하루 종일 / 한 주 동안) 할 일이 이미 꽉 차서 시간이 없을 때 영어로 뭐라고 하면 좋을까?

그땐 'I'm fully booked.'라고 말한 뒤 'today'나 'this week'과 같이 '기간'을 나타내는 표현을 덧붙여 말하면 돼요.

'book'을 써서 표현하면 되는구나! 'book'은 '책'이란 뜻 말고도 '예약하다'라는 뜻이 있잖아. 맥락상 '예약하다 → 어떤 일을 하기로 미리 날짜나 시간을 정해 놓았다'라는 의미로 풀어서 이해하면 쉽겠네! 그래서 'I'm fully booked.'가 '이미 정해진 일정으로 꽉 차서 시간이 없다(시간을 낼 수 없다)'라는 뉘앙스를 갖게 되는 거고!

네. 맞아요! 그리고 기억할 것은 내가 일정에 붙들린 거니까 'be booked'의 형태로 쓴다는 거예요.

 **Mini Dialogue**

A It's a beautiful day! Why don't we go for a stroll today?
오늘 날씨 정말 좋다! 산책하는 건 어때?

B Sorry, I'm fully booked today.
미안, 오늘은 <u>일정이 꽉 차서 시간이 안 돼</u>.

• go for a stroll 산책하다

For some reason.

(왜 그런지 잘 모르겠는데)
그냥. / 왠지.

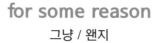
for some reason
그냥 / 왠지

- **reason**
  = 이유, 까닭
- for some **reason**
  = (딱히 이유를 꼬집어 설명할 수는 없지만) 그냥 / 왠지
  → 문장 앞에 붙여서 '이유가 뭔지 모르겠는데, 왜 그런지 모르겠지만, 왠지 모르게' 등의 말로도 다양하게 풀어서 해석할 수 있어요.

딱히 뚜렷한 이유 없이 (왠지 모르겠지만) 어떤 직감이 오거나, 어떤 현상/일이 일어나고 있는 이유를 모를 때 '그냥, 왠지, 어쨌든(하여튼 간에)'이란 말을 잘 하잖아? 그때 'just because'나 'anyway'를 많이 쓰는 것 같은데 더 좋은 표현이 있을까?

일상생활에서 자주 쓰는 딱 좋은 표현이 있어요. 'for some reason'이라고 해요.

아, 이유가 있긴 하지만 뚜렷이 밝히지 않고 말할 때 'for(때문에)+some(어떤)+reason(이유) = 어떤 이유에서인지 → 왠지 모르겠지만'이라고 말하는구나.

네. 이유를 딱히 꼬집어 설명할 수는 없지만 이유는 있는 거니까요. '왜 그런지는 잘 모르겠다'는 뉘앙스의 말이에요.

 Mini Dialogue

A I ate dinner 10 minutes ago but for some reason I'm hungry again.
10분 전에 저녁을 먹었는데, 왜 그런지 또 배가 고파.

B Are you kidding? Do you want something to nibble on?
진심이야? 주전부리할 것 좀 줄까?

- go for a stroll 산책 하다

For no (good) reason.

(딱히 이렇다 할 이유 없이)
그냥. / 왠지.

for no (good) reason
(이렇다 할) 이유 없이

- **for no reason**

  = (그럴싸한) 이유 없이

- **for no good reason**

  = (딱히 이렇다 할 이유 없이, 아무 이유 없이) 그냥 / 왠지

  → 여기에 쓰인 'good'은 '좋은(타당한), (상황에 맞게) 합당한'이란 의미

앞에서 '(왜 그런지 잘 모르겠는데) 그냥, 왠지'라고 말할 때 쓸 수 있는 표현 'for some reason'을 배웠잖아? 그런데, 한국에서는 '딱히 이렇다 할 이유가 없을 때'도 '그냥, 왠지'라는 말을 하거든. 영어로는 어떻게 말할 수 있어?

그럴 땐 'for no (good) reason'으로 말해요.

한국어로는 두 경우 모두 같은 말(그냥, 왠지)을 사용하기 때문에 맥락에 따라 뉘앙스를 구분해야 하거든. 영어로는 뚜렷한 이유가 아니라도 이유가 있는지(for SOME reason) 없는지(for NO reason)에 따라 상황을 구분해서 표현하는구나!

네. 영어는 맥락에 따라 구체적으로 풀어서 말해요. 그래서 같은 말(그냥, 왠지)로 해석되더라도, 이유가 있는 것과 이유가 없는 상황은 엄연히 다르니까 구분해서 말하는 거예요!

 Mini Dialogue

A I hate everyone in class!
난 우리 반 애들이 너무 싫어.

B Stop hating people for no reason.
<u>괜히(별 이유도 없이)</u> 사람들 싫어하지 마.

• stop V-ing ~하는 것을 멈추다/그만하다

Review Quiz

01 Don't be such a scary _____!

겁쟁이처럼 굴지 마!

02 She is the teacher's _____.

걔는 선생님이 예뻐하는 애야.

03 My teacher shows _____ toward him.

선생님은 쟤만 예뻐해.

04 My computer is _____!

컴퓨터가 버벅거려!

05 It is _____. / It has _____.

소리가 울려. / 소리가 지직거려.

01 cat 02 pet 03 favoritism 04 glitching 05 echoing / static

110

DAY 031~040

06 I want to _____ him!

저 녀석을 호적에서 파 버려야지 원!

07 Time slots are _____ _____ _____!

일정이 너무 빡빡해.

08 I'm fully _____.

일정이 꽉 차 있어. (= 바빠서 시간을 못 내.)

09 For _____ reason.

(왜 그런지 잘 모르겠는데) 왠지.

10 For _____ good reason.

(딱히 이렇다 할 이유 없이) 그냥.

06 disown 07 back to back 08 booked 09 some 10 no

DAY
041 ~ 050

YOU CAN DO IT!

CHEER UP!!

맛 · 약발 · 술기운이 올라올 때

▶ WATCH

The medicine
is kicking in.

약발이 들고 있어.

kick in
효과가 나타나기 시작하다(확 느껴지다)

· **kick in**

= 효과가 나타나기 시작하다 ▶ (약 · 술기운 등이) 돌다

→ 직역하면 '무엇인가가 안으로 차고 들어온다'인데, 맥락상 자연스럽게 **무엇인가가 작용하기(효과가 나타나기/확 느껴지기) 시작하다**'라고 해석해요. 일상생활에서 '맛 · 약발 · 카페인 효과 · 술기운 등이 나타나기 시작하거나, 확 느껴질 때' 많이 사용해요.

· **The medicine is kicking in.**

= 약 효과가 나타나기 시작했어. / 약 기운이 (확) 돌고 있어. ▶ 약발이 들고 있어.

우리가 특히 매운 음식을 먹을 때 처음엔 괜찮다가 갑자기 매운 맛이 확 느껴질 때가 있잖아. 비슷한 예로 어른들은 술을 마시다 보면 취기가 확 들 때가 있거든. 이렇게 **어떤 맛이나 기운 등이 '확 느껴지기 시작하는 것'**을 영어로는 어떻게 표현해?

그렇게 무언가가 확 작용하기 시작하는 것을 'kick in'이라고 해요. 맛이나 술기운 같은 게 발로 빵! 하고 차면서 안으로 들어온다고 생각하면 이해하기 쉬워요.

그렇게 설명해 주니까 이해하기 쉽네! 그럼, 약의 작용처럼 어떤 효과가 느껴지기 시작할 때도 'kick in'을 써서 말할 수 있는 거야?

네, 그렇게 약 효과가 나타나기 시작할 땐 'The medicine is kicking in.'으로 말하면 돼요. '약 기운이 돌고(퍼지고) 있어. / 약발이 들고 있어.'라는 의미로 통해요.

A Oh! The hot sauce is kicking in.
   아! 핫소스는 매운 맛이 확 느껴져!

B Drink some milk. It'll help.
   우유 좀 마셔. 괜찮아질 거야.

• hot sauce 핫소스(매운 맛을 내는 소스)

맛 · 약발 · 술기운이 차츰 사라질 때

▶ WATCH

The spice is wearing off.

매운맛이 가시고 있어.

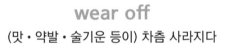

wear off

(맛 · 약발 · 술기운 등이) 차츰 사라지다

- **wear off**
  = (차츰) 사라지다, 없어지다
  → 직역하면 '닳아 없어진다'인데; 맥락상 자연스럽게 **무엇인가의 작용이(효과가) 서서히 없어지다**'라고 해석해요. 일상생활에서 '맛 · 약발 카페인 효과 · 술기운 · 향수 냄새 등이 사라질 때' 사용할 수 있어요.
- **The spice is wearing off.**
  = (양념의) 매운맛이 차츰 사라지고 있어(없어지고 있어). ▶ 매운맛이 가시고 있어.

앞서 어떤 맛이나 효과, 술기운 등이 확 느껴질 때 'kick in'을 쓴다고 배웠잖아. 그럼 반대로 이러한 맛이나 효과 등이 서서히 사라지고 없어질 때 쓸 수 있는 영어 표현도 있어?

그럼요! 그럴 땐 'wear off'를 쓰면 돼요. 'wear'은 '(옷을) 입다'라는 뜻이 있는데, 옷을 오랫동안 입으면 닳고 해지게 되잖아요? 그래서 'wear off'는 '닳다, 해어지다'라는 뜻이 있거든요. 마찬가지로 맛이나, 어떤 효과 등이 시간이 지나면 사라지니까 이때에도 'wear off'는 '점점 (닳아서) 사라지고 없어진다'라는 의미로 이해하면 돼요.

그렇구나. '서서히 사라진다, 차츰 없어진다'라는 의미구나!

네! 닳아서 없어지는 거에는 다 쓸 수 있어요. 만일 엄마가 아침에 뿌린 향수의 향이 점점 사라져서 없어진다면 'The cologne/perfume is wearing off.(향수 냄새가 점점 옅어지고 있어.)'라고 말할 수 있겠죠?

A The spice is super hot.
양념이 진짜 너무 매워.

B Don't worry. The heat will wear off.
걱정마. 매운맛이 점점 사라질 거야.

- spice 양념, 향신료(향신료가 있는 양념 맛)
- heat 열기 (맥락상 '매운맛(이 돌 때의 입안의 열기)'를 의미)

부모를 쏙 빼닮았을 때

▶ WATCH

You are a real chip off the old block!

넌 정말 너희 아빠/엄마와 완전 붕어빵이구나!

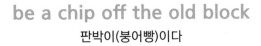

be a chip off the old block
판박이(붕어빵)이다

- **a chip off ~** = ~에서 떨어져 나온 조각, 파편
- **a chip off** the old bock
  = 오래된 물체에서 떨어져 나온 조각
  → 오래된 물체와 조각은 속성이 같기 때문에 '**old block**'을 부모(아빠/엄마)
  로, '**chip**'을 자녀로 비유하여 '**a chip off the old block**'을 '**부모와 닮은
  판박이(= 붕어빵)**'라는 뜻으로 풀이해요.
- **be a chip off** the old block
  = 판박이(붕어빵)이다

한국에서는 겨울에 붕어빵이나 국화빵을 파는데, 붕어와 국화 모양의 틀에 빵을 굽기 때문에 똑같이 찍어 낼 수 있거든. 그래서 자녀가 그 부모의 성격이나 외모, 행동 등을 찍어 낸 듯이 닮았을 때 '(아빠/엄마와) 붕어빵/국화빵이야.'라고 곧잘 이야기를 해. 영어에도 이와 같은 표현이 있을까?

네. 'a chip off old block'이라고 말해요.

아, '오래된 것(the old block → 부모)'으로부터 '떨어져 나온(off → 자식) 것'으로 표현하는구나! 그럼 이 표현을 활용해서 어떻게 말할 수 있어?

'You are a real chip off the old block!(넌 정말 너희 아빠/엄마랑 완전 붕어빵이구나!)'라고 말하면 돼요.

아, 이때 'real'을 넣어 말하면 '완전/딱 붕어빵이네'라는 의미를 살릴 수 있겠구나. 오늘도 가르쳐 줘서 고마워!

 Mini Dialogue

A You are a real chip off the old block!
넌 정말 너희 아빠랑 완전 붕어빵이다!

B Yeah, I hear that a lot.
응, 그런 말 많이 들어.

• hear 듣다
• a lot 많이, 상당히

119

외모는 아빠, 성격은 엄마를 닮았을 때

▶ WATCH

I take after my dad in looks, but I'm more like my mom in personality.

난 외모는 아빠를 닮았는데, 성격은 엄마를 더 닮았어.

take after ~ / be like ~
(외모 · 성격 · 버릇 · 기질) ~를 닮다 / (성격) ~를 닮다

- **take after ~** = (외모 · 성격 · 버릇 · 기질 등) ~를 닮다
  → **take after ~ in looks** = 외모는 ~를 닮다
- **be more like ~** = (성격) ~를 더 닮다
  → **be more like ~ in personality** = 성격은 ~를 더 닮다
- A **take after** B **in looks, but** A **be more like** C **in personality.**
  = A는 외모가 B를 닮았는데, 성격은 C를 더 닮았어.

우리가 부모를 닮았다고 말할 때 주로 생김새와 성격을 말하는데, 때론 부모 중에 어느 분을 더 닮았는지 비교해서 말하기도 하잖아. 예를 들어 '외모는 아빠를 닮았는데, 성격은 엄마를 더 닮았다'고 말하는 것처럼. 이럴 때 영어로는 어떻게 말할 수 있어?

우선 '~(누구)를 닮다'라고 말할 땐 'take after(= resemble)+대상'을 써요. 이땐 외모뿐만 아니라 성격, 행동 등을 다 말할 수 있어요. 그리고 'in looks(외모적으로) / in personality(성격적으로)'와 같은 표현을 뒤에 붙여서 닮은 부분을 구체적으로 말할 수 있고요.

그럼, '~(누구)를 더 닮다'라고 비교해서 말할 때는?

예를 들어서, 성격을 닮았다고 말할 땐 'be like ~ (in personality)'를 써서 말할 수 있는데요. 이때 'more(더 많이)'를 넣어 'I'm more like my mom in personality.(난 성격적인 부분은 엄마를 더 닮았어.)'라고 말할 수 있어요.

A Do you look more like your mom or dad?
너 (성격) 엄마를 많이 닮았어, 아니면 아빠를 많이 닮았어?

B I resemble my dad in looks, but I'm more like my mom in personality.
<u>난 외모는 아빠를 닮았는데, 성격은 엄마를 더 닮았어.</u>

• **resemble** (외모, 성격, 행동 등) 닮다, 유사하다

It's genetic (all about genetics).

그게 다 유전적인 거야.

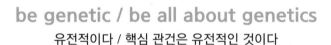

be genetic / be all about genetics
유전적이다 / 핵심 관건은 유전적인 것이다

- **genetic** = 유전의, 유전학의
- It's **genetic.** = (그건) 유전이야. ▶ 유전이라 그래.
- **genetics** = 유전학
- It's **all about A.** = 결론은(핵심 관건은/결국 문제는) A이다. ▶ A가 가장 중요해. (*중요성을 강조)
- It's **all about genetics.** = 결국 중요한 건 유전(학)이라는 거야. → 맥락상 자연스럽게 '다 (부모) 유전이라서 그래. / 그게 다 유전적인 거야.' 등의 말로 해석

아이들이 하는 말투, 표정, 식습관 등의 행동을 보면 부모님과 많이 닮아 있거든. 그때 우리는 '그게 다 유전이야. / 부모 유전자를 물려 받아서 그래.'와 같은 말을 하거든. 영어로도 이런 표현을 할 수 있어?

네. 영어로는 그럴 때 'It's genetic.(그게 유전이야.)' 또는 'It's all about genetics.(그게 다 유전(적)이라서 그래. = 결국 중요한 건 유전이야.)'와 같은 말을 많이 해요.

아, 그럼 '그게 다 유전자 문제(요인)'라는 의미로 통하는구나. 그런데 'genetic'과 'genetics'는 서로 구분해서 써야 하는 거야?

'genetic(유전의, 유전학의)'은 형용사로 'be동사' 뒤에 와서 '어떤 성질/상태'인지 설명해요. 반면에 'genetics'는 '유전학'을 뜻하는 명사예요. 그러니 헷갈리지 않도록 잘 익혀 두어야 해요!

 **Mini Dialogue**

A Kids take after their parents when it comes to food choices.
애들은 음식 선택할 때 보면 부모 입맛을 닮더라고.

B It's all about genetics.
그게 다 유전자 때문에 그래.

• when it comes to ~
  ~라면, ~에 대해서(관 해서)라면

That's a load off my chest!

(걱정, 부담을 덜어 내니) 속이 다 후련해!

be a load off one's chest
마음이 한결 놓이다

· **load** = 짐
· **off** = ~에서 떨어져
· **be a load off ~**
  = ~에서 짐이 떨어져 나오다/덜어지다
· **be a load off** my chest
  = 내 마음에서 짐을 덜다 ▶ 심적 부담을 덜다 (= 한시름 덜다) ▶ (한시름 덜어서) 홀가분하다 / 후련하다

털어놓기 힘든 걱정이나 책임져야 할 일로 부담이 생길 때 '마음의 짐'이 있다고 말하거든. 그런 속마음을 누군가에게 털어놓으면 마음의 짐이 덜어져서 속이 후련하고, 한결 홀가분해지잖아. 이럴 때 영어로 할 수 있는 말이 있을까?

그럼요! 그럴 땐 'That's a load off my chest!(마음의 짐을 덜어서 홀가분해요! / 속이 후련해요!)'라고 말할 수 있어요.

아, 마음의 짐(load)이 마음/가슴(chest)에서 멀어진/덜어진(off) 것으로 표현하는구나!

또 있어요! 'It's a weight off my shoulders.'라고 말해도 동일한 의미를 나타내요. 어깨에 실린 무게(= 마음의 짐)를 덜어 낸다고 생각하면 이해하기 쉬워요. 참고로 문장 앞에 쓰인 'It/That'은 상황을 가리키는 거니까 둘 중 아무거나 써서 말하면 돼요.

 Mini Dialogue

A I feel better after talking about my problems.
내 문제에 대해 이야기를 하고 나니 기분이 나아졌어.

- feel better 기분이 나아지다
- problem 문제

B I'm glad you got that load off your chest!
네가 짐을 던 것 같아서 나도 기분이 좋네!

You can't have it all.

두 마리 토끼를 다 잡을 순 없어.

cannot have it all
다 가질 수 없다

• **have it all**

= 모든 것을 한꺼번에 갖다

• **cannot have it all**

= 다 가질 수 없다 ▶ 하고 싶은 대로 다 할 수 없다

→ '다 할 수 없으니 선택해야 한다'라는 뉘앙스로 일상에서 **'두 마리 토끼를 다 잡을 수 없다'**라는 의미로 활용할 수 있어요.

우리가 동시에 이것도 하고 싶고, 저것도 하고 싶을 때가 있잖아. 이처럼 다 할 수 없다는 것을 알면서도 욕심을 내고 갈등할 때 **'갖고 싶다고 다 가질 순 없어. / 하고 싶은 대로 다 할 순 없어.'** 와 같은 말로 자신에게 또는 상대방에게 현실적인 선택을 할 수 있도록 이야기하거든. 영어로도 이와 같은 표현이 있을까?

그럴 땐 'You can't have it all.'이라고 말할 수 있어요.

말 그대로 해석하면 '그 모든 걸 다 가질 수 없다'라는 의미인데 맥락상 '(네) 욕심대로 다 할 수 없으니까 선택해야 한다'라는 뉘앙스로 풀이할 수 있겠네?

네 맞아요! 엄마가 이야기하는 속담 중에 '두 마리 토끼를 다 잡을 순 없어.'와 같은 의미예요.

 Mini Dialogue

A It's either my dream or money. I'm trying to juggle them.
내 꿈이냐, 아니면 돈이냐.. 그 둘을 가지고 아등바등하고 있어.

B You can't have it all!
다 가질 수는 없지!

- either A or B A 또는 B (중 하나)
- juggle (두 가지 일을 동시에) 곡예하듯 하다 (맥락상 '(균형을 맞추고자) 아등바등하다'라는 의미)

I dog-eared the page.

(표시해 두려고) 책장 모서리를 접어 놓았어.

dog-ear (= earmark)
책장의 모서리를 접다

- **dog-ear**
  = 책장 모서리의 접힌 부분, 책장의 모서리를 접다
- **earmark**
  = (~을 위해) 표시(귀표를) 해 두다
- **dog-ear/earmark** the page
  = (표시해 두려고) 그 페이지를(책장 모서리를) 접어 놓다

우리가 책을 볼 때 중요한 페이지는 모서리를 접어서 표시해 두는 경우가 있잖아. 이렇게 **'책장 모서리를 접어 놓다'**라는 말을 영어로는 어떻게 해?

일상생활에서 사용하는 귀여운 표현이 있어요. 'I dog-eared the page.(책장 모서리를(그 페이지를) 접어 놓았어.)'라고 말해요.

정말 표현이 귀여운데? 'dog-ear'라고 하니까 책장 모서리가 접힌 모양이 강아지의 귀가 접힌 모양과 비슷하게 보이네!

그렇죠? 그리고 'dog ear' 대신 'earmark'를 써서 말할 수도 있어요. 귀에다가 표시해 둔다고 생각해 보면 익히기 쉬워요. 옛날에는 동물의 귀에다가 누구의 것인지 표시를 했었대요. 이렇게 영어를 뜻만으로 외우기보다 머릿속에 그림을 그리면서 말을 익히니까 더 쉽고 재미있지 않아요?

 Mini Dialogue

A I'll earmark the pages where I have questions.
궁금한 게 있는 페이지는 접어서 표시해 놓을게요.

B That's a good idea!
좋은 생각이야!

• have a question
 (questions)
 질문이 있다

DAY 049

▶ WATCH

I'm getting a slow start today.

오늘은 미적거리며 시작했어.

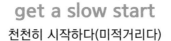

get a slow start
천천히 시작하다(미적거리다)

- **slow start**
  = 느린 시작(여유 있는 시작)
- **get a slow start**
  = 천천히/여유 있게 시작하(게 되)다 ▶ 미적거리다
- **I'm getting a slow start today.**
  = 오늘은 여유 있게/천천히/미적거리며 (하루를) 시작했어.
  → '**I'm getting+명사/형용사**(획득, 상태의 변화)'는 '(난) ~하고 있다'라고 해석 가능한데 '**today**'와 함께 쓰여 '오늘 ~했다'라고 해석해요.

아침 시간이 가장 분주한데, 어쩔 땐 천천히 여유롭게 시작할 때도 있잖아. 이렇게 급하지 않고 늑장 부리면서 여유 있게 행동할 때 **'미적거린다'**라고도 말하거든. 하루를 이와 같이 시작할 때 영어로는 어떻게 표현할 수 있을까?

'I'm getting a slow start today.'라고 해요.

'미적거린다'라는 게 천천히(느리게) 움직이는 모습이니까 'get a slow start'라고 말할 수 있는 거구나!

네! 'I'm getting a slow start today.'는 천천히(느리게) 움직이면서 여유를 갖는 모습도 같이 그려지거든요. 그래서 '오늘은 미적거리며 시작했어/여유 있게 시작했어.'라고 해석할 수 있는 거예요.

 Mini Dialogue

A I'm getting a slow start today because my kids are off this week.
이번 주는 애들이 학교를 안 가서 오늘 (아침을) 여유 있게 시작했어.

B Sounds good! Take a little Me Time!
잘됐다! 네 자신만의 시간도 가져 봐!

- **be off** (학교 · 직장 등) 쉬다
- **me time** (바쁜 시간 중에 내는) 자기 자신만의 시간, 나를 위한 휴식 시간(상대방에게 말하는 맥락상 '네 자신만의 시간'이라고 해석)

I want to lounge around reading books!

책 읽으면서
뒹굴뒹굴하며 쉬고 싶어!

lounge around
빈둥거리다, 게으름을 피우다

- **lounge** = 느긋하게 서/앉아/누워 있다
- **lounge around**
  = (여유 있게 늘어져서) 편하게 쉬다 ▶ 뒹굴뒹굴하며/빈둥대며/게으름 피우며 편히 쉬다
    → 어딘가에 앉거나 누워서 별다른 일을 하지 않고(게으름 피우는 느낌으로) 편안하게 시간을 보내는 모습
- **I want to lounge around V-ing.**
  = ~하면서 뒹굴뒹굴하며/빈둥대며 편하게 쉬고 싶어.

천천히 여유 있게 행동하는 모습과 달리 별달리 하는 것 없이 게으름
피우며 쉴 땐 '**뒹굴뒹굴하다 / 빈둥댄다**'와 같이 말하거든.
이럴 땐 영어로는 뭐라고 해?

'lounge around'라고 해요. 예를 들어, 'I want to lounge
around reading books.'라고 하면 '그냥 책이나 읽으면서
뒹굴뒹굴하며 쉬고 싶어.'라는 말이 돼요.

우리에겐 외래어로 쓰이는 '라운지(lounge = 대합실, 휴게실)'가
'휴식 공간을 좀 화려하게 부르는 개념'으로 익숙한데
동사로도 쓰이는구나?

네! 'lounge(느긋하게 있다)'가 동사로 쓰이면 편안한 자세로 앉거
나 누워서 쉬는 모습을 나타내요. 그래서 'around(주위에, 주변에)'
와 함께 쓰여 '(여유 있게 늘어져서) 편하게 쉬다 → 뒹굴뒹굴하다/
빈둥대다/ 게으름을 피우다'와 같은 의미로 통하게 돼요.

A Do you have any plans for the weekend?
이번 주말에 뭐 해?

B I want to lounge around watching TV.
그냥 집에서 TV 시청하면서 빈둥대며 쉬고 싶어.

• plan 계획 ('목표 달성
을 위한 계획/방안'이
아닌 '일정이나 약속'을
말할 땐 복수형 'plans'
를 사용!)

Review Quiz

01 The medicine is _____ in.

약발이 들고 있어.

02 The spice is _____ off.

매운맛이 가시고 있어.

03 You are a real _____ off the old block!

넌 정말 너희 아빠/엄마와 완전 붕어빵이구나!

04 I _____ after my dad in looks, but I'm more _____ my mom in personality.

난 외모는 아빠를 닮았는데, 성격은 엄마를 더 닮았어.

05 It's _____ . / It's all about _____ .

그게 다 유전적인 거야.

01 kicking 02 wearing 03 chip 04 take, like 05 genetic / genetics

06 That's a _____ off my chest!

(걱정, 부담을 덜어 내니) 속이 다 후련해!

07 You can't have it _____.

두 마리 토끼를 다 잡을 순 없어.

08 I _____ the page.

(표시해 두려고) 책장 모서리를 접어 놓았어.

09 I'm getting a _____ start today.

오늘은 미적거리며 시작했어.

10 I want to _____ around reading books!

책 읽으면서 뒹굴뒹굴하며 쉬고 싶어!

06 load 07 all 08 dog-eared 09 slow start 10 lounge

DAY
051~060

YOU CAN DO IT! ➡

CHEER UP!!

좀 봐 달라고 할 때

▶ WATCH

Take it easy on me.

살살해.
(= 나 좀 봐줘.)

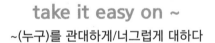

take it easy on ~
~(누구)를 관대하게/너그럽게 대하다

- **easy**
  = 쉬운, 수월한, 살살
- **take it easy**
  = (직역) 상황을 쉽게/살살 받아들이다 ▶ (의미) 진정하다, 쉬엄쉬엄하다
- **take it easy on ~**
  = ~를 살살 다루다, ~를 봐주다, ~를 관대하게/너그럽게 대하다

누군가와 경기를 하거나 게임을 할 때 상대가 나보다 실력이 더 좋거나 잘하는 걸 뻔히 알 때 '살살해(쉬엄쉬엄해). / 나 좀 봐줘.'라고 이야기하잖아? 이런 말도 영어로 할 수 있어?

그럴 땐 'take it easy on+대상'을 써서 말할 수 있어요. 예를 들어, 'Take it easy on me.'라고 하면 '나한테 살살해. / 나 좀 봐줘.'라는 말이 돼요.

그럼, 리아와 아리 너희 둘이 태권도 스파링을 할 때 동생인 아리가 'Take it easy on me.(나 좀 봐줘.)'라고 말한다면 리아는 답변을 어떻게 할 수 있어?

'I'll take it easy on you!(내가 너 살살 다룰게. / 봐줄게.)'라고 말할 수 있죠.

 Mini Dialogue

A Ari, do you want to spar with me?
Ari야, 나랑 한판 겨루기 할래?

B Only if you take it easy on me!
언니가 살살하면(나 좀 봐주면)!

- spar with ~ ~와 겨루기를 하다
- only if ~ ~해야만(할 경우에만)

상대방을 다독이며 힘이 되어 줄 때

I have your back!

걱정 마, 내가 있잖아!

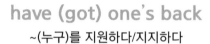

have (got) one's back
~(누구)를 지원하다/지지하다

- **back** = 등, 뒤(쪽의)
- **have(have got) one's back**
  = (직역) ~의 뒤를 가지고 있다 ▶ (의미) ~의 뒤에서 받쳐 주다 / ~ 뒤를 돌봐 주다
  → 뒤에서 받쳐 주는 사람을 '백'이라고 말하듯이 든든한 지원군, 조력자가 되어 준다는 의미. 일상에서는 '**걱정하지 마, 내가 도와줄게 / 나만 믿어 / 내가 네 편이 되어 줄게 / 내가 있잖아**' 등의 의미로 다양하게 해석 가능해요.

걱정거리가 있거나 힘들어하는 누군가에게 '**걱정하지 마, 내가 있잖아.**'와 같은 말로 따뜻하게 다독여 준다면 이처럼 힘이 되는 말이 또 없잖아. 영어로도 이런 말을 할 수 있어?

그럼요! 그럴 땐 'I have your back!' 또는 'I've got your back!'이라고 하면 돼요.

그럼, 'Don't worry.(걱정하지 마.)'라고 굳이 말하지 않아도 되는 거야?

네! 'Don't worry.'를 앞에 붙여서 말해도 상관은 없는데요. 'have (got) one's back'이 적극적으로 '~(누구)를 든든하게 지켜 줄 준비가 됐다'라는 의미로 '걱정하지 말라'는 뉘앙스도 갖고 있어요.

그렇구나! 'I've got(I have) your back.'을 직역하면 '내가 너의 등(뒤)를 지니고 있다.'인데, 맥락상 '내가 너를 뒤에서 받쳐 줄게.'라는 의미로 이해할 수 있겠네. 그래서 '걱정하지 마, 내가 있잖아.'와 같은 뉘앙스의 말로 쓰이는 거고!

A I'm worried about the Taekowndo competition.
   태권도 대회가 너무 걱정 돼.

   • competition 대회, 시합

B Don't worry. I have your back!
   걱정 마, 내가 있잖아(도와줄게)!

It feels like I hit a wall.

한계에 부딪친 것 같아.

hit a wall
한계에 부딪치다

- **hit a wall**
  = (어떤 일의) 한계를 느끼다 / 진전이 없다
    → 직역하면 '벽에 부딪치다'인데, 맥락상 정신적으로 혹은 육체적으로 '한계·난관에 부딪치다'라는 의미
- **It feels like I hit a wall.**
  = 벽·한계·난관에 부딪친 것 같아.
    → 'It feel like ~'는 '~같다, ~하는 것 같은 기분이야/느낌이 들어'와 같이 해석

우리가 때론 어떤 일을 하면서 벽에 부딪친 것처럼 아무런 진전도 없고 한계를 느낄 때가 있잖아? 이럴 땐 영어로 어떻게 표현해?

'It feels like I hit a wall.(벽에 부딪친 것 같은 기분이야.
→ 한계·난관에 부딪친 것 같아.)'이라고 해요.

'hit a wall'이 '벽에 부딪쳐서 진전이 없는 상태'를 말하는 거니까, '한계·난관에 부딪치다'라는 의미로도 쉽게 이해가 되네. 또 궁금한 게 있는데, 글을 쓸 때도 아이디어가 안 떠올라서 애를 먹는 상황을 겪곤 하잖아? 이때는 어떻게 표현해?

그럴 땐 'I have writer's block.'으로 말할 수 있어요. 'writer's block'은 '더 이상 글을 쓸 내용이나 아이디어가 떠오르지 않아서 애를 먹는 상황'을 말해요. 맥락에 따라 '글길이 막혔어. / 아무것도 떠오르지 않아. / 글이 안 써져.' 등의 말로 쓰여요. 물론, 'hit a wall'은 벽에 부딪친 모든 상황에 다 쓰일 수 있어요!

 **Mini Dialogue**

A I have writer's block.
나 머리를 쥐어짜도 도저히 글에 진전이 없어.

B I know how you feel.
It's just like hitting a wall!
어떤 기분일지 알아. 딱 벽에 부딪친 것 같잖아!

• writer's block 글길이 막힘(작가들이 글을 쓸 내용이나 아이디어가 떠오르지 않아서 애를 먹는 상황)

I feel like
I am stuck in a rut.

매너리즘에 빠진 것 같아.

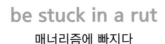

be stuck in a rut
매너리즘에 빠지다

- **rut**
  = 판(틀)에 박힌 생활
- **be(get) stuck in ~**
  = ~에 갇히다, ~에 꼼짝 못하게 되다
- **be(get) stuck in a rut**
  = 판(틀)에 박혀 있다 ▶ 정체되다, 타성에 젖다, 매너리즘에 빠지다, 권태기에 들다

매일 똑같이 반복되는 일상에 무료함을 느껴서 삶에 대한 열의가
사라지고 지치는 시기가 있잖아? 이럴 때 **'매너리즘에 빠지다'**라는
말을 줄곧 하는데, 영어로도 이런 상황을
'매너리즘'이란 말로 표현해?

아니요! '매너리즘(mannerism)'은 어떤 사람의 말이나 행동할 때의
'버릇 · 습성(말하는 방식, 행동방식)'을 말해요.

그럼, 틀에 박힌 생활에 무료함을 느낀다는 의미로 '매너리즘(권태로
움)에 빠지다'와 같은 말은 영어로 어떻게 표현할 수 있어?

그럴 땐 'be stuck in a rut'을 써요. 'rut'은 '부드러운 땅에 생긴
바퀴 자국(→ 판(틀)에 박힌 생활)'이란 뜻인데, 이곳에 빠지면
나오기가 쉽지 않잖아요. 그래서
'I feel like I am stuck in a rut.'이라고 말하면
'매너리즘(권태기)에 빠진 것 같아.'라는 뜻을 나타내요.

A I feel like I'm stuck in a rut.
나 매너리즘에 빠진 것 같아.

B Why don't you take all next week off work
and try something new and different?
한 주 쭉 휴가 내고 색다른 걸 해 보는 건 어때?

- take a week off 한 주
  휴가 내다
- all next week 다음주
  내내
- something new and
  different 새롭고 다른 것

평범한 일상에 변화를 주고 싶을 때

▶ WATCH

I want to change up my routine!

내 일상을 확 뒤집고 싶어!

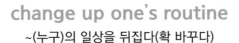

change up one's routine
~(누구)의 일상을 뒤집다(확 바꾸다)

· **routine**
  = 규칙적으로 하는 일의 통상적인 순서와 방법, (지루한 일상의) 틀, (판에 박힌) 일상
· **change up**
  = 바꾸다, 변화를 주다
  → 'up'이 'change' 뒤에서 강조의 의미(완전히)로 쓰여 '완전히 바꾸다/변화
    를 주다 ▶ 확 뒤집다'라는 뉘앙스를 나타냄
· **change up one's routine**
  = (~의) 일상에 변화를 (완전히) 주다, (~의) 일상을 확 바꾸다/뒤집다

매일 반복되는 단조로운 일상에 변화를 주고 싶을 땐
영어로 뭐라고 말하면 좋을까?

일상을 확 바꾸는 모습을 생각하면 쉬워요. 우선,
아침부터 저녁까지 정해진 패턴으로 매일 반복하는
일상은 'routine'이라고 해요. 이 평범하고 똑같은
'routine(일상)'을 확 바꾸고 싶다는 의미로
'I want to change up my routine.'이라고 말해요.

그렇구나. 그런데 'change' 자체만으로 '바꾸다'라는 의미가
있는데, 'up'을 덧붙여 말하는 이유가 뭐야?
뜻을 강조하는 거야?

네! 'up'에는 '위로'라는 뜻 말고도 '완전히'라는 뜻이 있어서 행동을
(완전하게 해서) 완료하는 뉘앙스를 갖고 있어요. 그래서 'change
up my routine'으로 말하면 '(나의) 일상을 완전히 바꾸다 →
일상을 확 뒤집다'라는 뜻을 갖게 돼요.

 Mini Dialogue

A Nothing makes me feel excited these days.
요즘 아무것도 재미있는 게 없어.

B I want to change up my routine too.
나도 일상을 확 바꿔 보고 싶어.

- make A feel 형용사 A
  를 ~하게 느끼게 하다
- these days 요즘

겉들여 먹으면 더 맛있을 때

▶ WATCH

A hot dog tastes better with ketchup.

핫도그는 케첩에 먹으면 더 맛있어.

taste better with ~
~에 겉들여 먹으면 더 맛있다

- **taste**
  = 맛이 ~하다, ~맛이 나다
- **taste better**
  = 맛이 더 좋다 (*__taste good__ = 맛이 좋다, 괜찮다 / __taste best__ = 맛이 최고로 좋다, 가장 맛있다)
- A **tastes better** with B.
  = A는 B랑 겉들여 먹으면 더 맛있다(제맛이 난다).

소위 궁합이 맞는 음식은 서로 곁들여 먹으면 더 맛있잖아. 예를 들어 핫도그는 케첩이랑 먹어야 더 맛있고, 만두는 간장에 찍어 먹어야 더 맛있는 것처럼 말이야. 이렇게 음식을 먹을 때 **'곁들여 먹으면 더 맛있어.'**라는 말은 영어로 어떻게 표현해?

'A tastes better with B.'를 써서 말하면 돼요. 예를 들어 '핫도그는 케첩이랑 (곁들여) 먹으면 더 맛있어.'라는 말은 'A hot dog tastes better with ketchup.'으로 표현할 수 있겠죠?

케첩이 뿌려져 있는 핫도그를 생각하니 표현이 더 쏙쏙 들어오네. 'A taste better with B'는 맥락에 따라 'A는 B를 곁들여 먹으면 더 맛있다 → A는 B랑 먹어야 제맛이다 / A와 B는 (음식) 궁합이 맞다' 와 같이 자연스럽게 해석할 수 있겠네.

네! 그리고 이 표현은 외국인에게 한국 음식을 소개할 때도 유용하니 알아 두면 좋겠죠?

 Mini Dialogue

A I would love a corn dog.
난 (한국식) 핫도그가 정말 좋아.

B I know, it tastes better with ketchup.
맞아, 케첩이랑 먹으면 더 맛있잖아.

• **corn dog** (한국식 핫도 그처럼) 막대기에 끼워 져 있는 핫도그 (*미국 에서 'hot dog'라고 하 면 빵에 소시지가 들어 있어서 손으로 집어 먹 는 핫도그를 말함)

갓 구워 낸 음식을 먹을 때

▶ **WATCH**

It tastes best right out of the oven.

오븐에서 막 구워 냈을 때가 제일 맛있어.

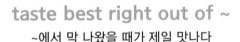

taste best right out of ~
~에서 막 나왔을 때가 제일 맛나다

- **right**
  = 즉시, 곧바로
- **right out of ~**
  = ~에서 바로
- **taste best right out of the oven**
  = 오븐에서 바로 밖으로 꺼내져서 가장 맛있다
    → 맥락상 자연스럽게 '오븐에서 막 꺼냈을 때 맛이 가장 좋다 / 오븐에서 막 구워져 나왔을 때(구워 냈을 때) 제일 맛있다'와 같이 해석 가능

대부분의 요리는 갓 구워 냈을 때 제일 맛이 좋잖아? 이렇게 '(빵·쿠키 등이) 막 구워져 나왔을 때가 제일 맛있어.'라는 말을 영어로는 어떻게 할 수 있어?

'It tastes best right out of the oven.'이라고 표현해요. 여기서 'right(바로)+out of(~의 밖으로)'가 함께 쓰여서 '바로 밖으로 꺼내져서(꺼냈을 때)'라는 의미를 나타내고요. 'right out of the oven'이라고 말하면 '오븐에서 (구워서) 바로 꺼냈을 때' 즉, '막 구워져 나왔을 때'를 말하게 돼요.

그렇구나! 그럼, 고기를 불판에 구워서 바로 먹을 땐 어떻게 표현할 수 있어?

고기 불판은 'gril'이라고 해요. 불판에서 고기를 바로 떼어 내는 거니까 'off'를 써서 표현해요. 그래서 'It tastes best right off the grill.((고기는) 불판에서 바로 구워 먹을 때가 가장 맛있어.)'이라고 말해요.

A Are you baking something? It smells good!
뭐 굽는 거야? 좋은 냄새가 나는데!

B I baked muffins. Try some! They taste best right out of the oven.
머핀 좀 구웠어. 좀 먹어 봐! 오븐에서 딱 꺼냈을 때가 제일 맛있거든.

- bake (빵·쿠키 등을) 굽다
- smell good 좋은 냄새가 나다

둘이 먹다 하나 죽어도 모를 맛일 때

▶ WATCH

It's so yummy that it made me forget what's happening around me.

둘이 먹다가 하나가 죽어도 모르는 맛이야.

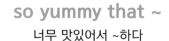

so yummy that ~
너무 맛있어서 ~하다

- **yummy** = 아주 맛있는
- **so yummy that ~**
  = 너무 맛있어서 ~하다
  (*so+A(형용사/부사)+that ~ = 너무 A해서 ~하다)
- **so yummy that it made me forget ~**
  = 너무 맛있어서 내가 ~을 잊게 한다/까먹을 정도이다 (*make+A+동사 = A를 ~하게 만들다)

한국에서는 정말 맛있는 것을 먹을 때 **'둘이 먹다가 하나가 죽어도 모르는 맛'**이라고 종종 표현하거든. 쉽게 설명하자면, '주변에 무슨 일이 일어나는지 모를 정도로 정말 맛있다'와 같은 의미야. 영어로도 이렇게 말할 수 있어?

그럼요. 'It's so yummy that ~(너무 맛있어서 ~하다)' 뒤에 'it made me forget what's happening around me(무슨 일이 내 주변에 일어나는지 잊게 만들었다)'를 붙여서 말하면 돼요. 즉 '주변에 무슨 일이 일어나는지 모를 정도로 맛있어. → 둘이 먹다가 하나가 죽어도 모를 정도로 너무 맛있다'라는 의미겠죠?

그렇네! 좀 긴 것 같지만 문장의 핵심 구조인 'so+형용사(yummy)+that~ (너무 맛있어서 ~하다)'를 익혀 두면 이 말을 더욱 쉽게 익힐 수 있겠다!

그렇죠! 그리고 영어로 말할 땐 핵심 내용을 풀어서 설명해 주는 게 유리해요!

A You should try this.
이거 한번 맛 좀 봐 봐.

B Wow! It's so yummy that it made me forget what's happening around me.
우아! 둘이 먹다가 하나가 죽어도 모르는 맛이야.

- **try** 시도하다(맥락상 '(음식을) 한번 맛보다' 라는 뜻)

빈틈없는 꼼꼼한 성격을 말할 때

▶ WATCH

She is meticulous.

걔는 엄청 꼼꼼해.

be meticulous
꼼꼼하다

· **meticulous**
  = 꼼꼼한, 세심한
  → 참고로 'meticulous'는 'meticul(= fear)+ous(형용사 접미어)'로 결합된
    단어로 '(틀릴까 봐/실수할까 봐) 두려워하는/걱정하는'과 같은 기본적인 의
    미를 갖고 있어요.
· **be meticulous.**
  = 꼼꼼하다, 세심하다
  → 맥락상 '빈틈없다(야무지다), 확실하다'라는 뉘앙스

작은 일에도 신경 쓰고 주의 깊게 잘 살피는 사람들이 무슨 일에서든 정확하잖아. 이러한 성격을 '**꼼꼼하다**'라고 말하는데, 영어로 표현하기가 은근히 힘드네.

주의 깊고 정확한 성격을 핵심 포인트로 잡아서 'She/He is very careful and precise.'라고 풀어서 말할 수 있어요.

그렇게 말해도 통할 수 있긴 한데, 뭔가 '꼼꼼하다'라고 하면 사소한 것까지 면밀히 살피고 몇 번이나 확인하면서 실수를 하지 않는 성격을 말하거든. 다른 말로 하면 '용의주도하다 / 주도면밀하다'라고도 표현할 수 있는데, 좀 더 쉽게 말하면 '빈틈이 없다'라고 할 수 있겠네.

그렇게 꼼꼼하고 아주 세심한 사람을 보고 'He/She is meticulous.' 라고 할 수 있어요. 'meticulous'는 매우 세심하고, 정확해서 빈틈없이 꼼꼼한 성격을 말하거든요.

 **Mini Dialogue**

A She is super careful and precise.
그 사람(여자)은 엄청 주의 깊고 정확해.

B Agreed! She is very meticulous.
맞아! 그 사람 엄청 꼼꼼하지.

- careful 주의 깊은, 세심한
- precise 정확한, 정밀한
- (That is) Agreed! 좋아/알았어/인정해/맞아!

He is so clumsy.

걔는 너무 덜렁대.

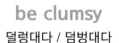

be clumsy

덜렁대다 / 덤벙대다

- **clumsy** = 어설픈, 서투른, 덜렁대는
- **be clumsy** = 어설프다, 덜렁대다, 덤벙대다, 칠칠맞지 못하다
  → 침착하지 못하고 자꾸 가볍게 행동하는 성격을 표현

* 스머프 이름에 해당하는 **성격 표현** 살펴보기!
  → 똘똘이(**Brainy** = 아주 똑똑한), 투덜이(**Grouchy** = 불평이 많은, 잘 투덜거리
    는), 허영이(**Vanity** = 자만심, 허영심), 욕심이(**Greedy** = 탐욕스러운, 욕심
    많은), 익살이(**Jokey** = 재미있는, 사람을 웃기기 좋아하는)

만화 스머프(Smurf)를 보면 각각 특징에 맞춰 이름을 붙여 주잖아. 똘똘이는 'Brainy', 투덜이는 'Grouchy', 허영이는 'Vanity'처럼 말이야. 그중에 덜렁대는 스머프 이름이 뭐였지?

'Clumsy'요! 'clumsy'는 어설프고, 서투르고, 덜렁대는 성격을 말하거든요.

맞아! 'Clumsy(덜렁이)'! 한국에서는 그렇게 신중하지 못하고 덜렁대는 성격을 '칠칠맞지 못하다'라고도 표현하는데, 영어로는 이러한 성격의 사람을 어떻게 표현해?

간단해요! 'clumsy'를 써서 'He/She is so clumsy!'라고 말하면 돼요. 맥락에 맞게 '걔는 너무 덜렁대 / 덤벙거려 / 어설퍼 / 칠칠맞지 못해!'와 같은 의미로 통해요.

 **Mini Dialogue**

A Evan is nice and funny.
Evan은 착하고 재밌어.

B But he is so clumsy and forgetful.
그런데 걘 정말 덜렁대고 잘 까먹어.

- funny 웃기는, 재미있는
- forgetful 잘 잊어 먹는, 건망증이 있는

Review **Q**uiz

01 Take it _____ on me.

살살해. (= 나 좀 봐줘.)

02 I have your _____ !

걱정 마, 내가 있잖아!

03 It feels like I _____ a wall.

한계에 부딪친 것 같아.

04 I feel like I am _____ in a rut.

매너리즘에 빠진 것 같아.

05 I want to _____ up in my routine!

내 일상을 확 뒤집고 싶어!

01 easy 02 back 03 hit 04 stuck 05 change

06 A hot dog tastes _____ with ketchup.

핫도그는 케첩에 먹으면 더 맛있어.

07 It tastes best right _____ of the oven.

오븐에서 막 구워 냈을 때가 제일 맛있어.

08 It's so _____ that it made me _____ what's happening around me.

둘이 먹다가 하나가 죽어도 모르는 맛이야.

09 She is _____.

걔는 엄청 꼼꼼해.

10 He is so _____.

걔는 너무 덜렁대.

06 better 07 out 08 yummy, forget 09 meticulous 10 clumsy

DAY

061 ~ 070

YOU CAN DO IT!

CHEER UP!!

That's TMI.

그런 말까지
굳이 뭐 하러 해?

TMI(Too Much Information)
굳이 알려 주지 않아도 될 필요 이상의 정보

· **TMI(Too Much Information)**

 = 너무 많은 정보, 굳이 알려 주지 않아도 될 필요 이상의 정보(*첫 이니셜을 따서 [티엠아이]라고 읽고 말함)

· **That's TMI. / It's kind of TMI.**

 = (직역) 그건 TMI(너무 많은 정보)야. ▶ (의미) 굳이 알고 싶지 않아. / 쓸데없이 TMI야. / 굳이 내가 알아야 하는 거야? / 굳이 그런 말까지 왜 해? (관심사도 아닌데 계속 이야기하네.)

 → 불필요하거나 알고 싶지 않은 이야기를 그만하라는 뉘앙스

대화를 할 때 상대방이 주제에 관련 없거나 굳이 하지 않아도 될 말을 할 때가 있잖아. 이렇게 '굳이 알고 싶은 않은 정보까지 세세하게 **말하는 것**'을 영어로는 뭐라고 해?

'Too Much Information(너무 많은 정보)'의 이니셜을 따서 'TMI' 라고 해요. 상대방에게 '그런 말까지 굳이 뭐 하러(왜) 해?'와 같은 의미로 'That's TMI.' 또는 'It's kind of TMI.'라고 말해요. '그 이야기는 그만 좀 해.'와 같은 뉘앙스를 나타내요.

그렇구나! 그럼, 내가 의도치 않게 쓸데 없는 이야기를 구구절절 말할 때도 있잖아. 그땐 뭐라고 말할 수 있어?

'Sorry, if it's TMI.'(TMI였다면(쓸데없는 말이었다면) 미안해.)'와 같이 말하면 돼요.

 **Mini Dialogue**

A I had spicy food for dinner last night and then got a bad stomachache and diarrhea.
어젯밤 저녁으로 매운 음식을 먹었더니
배가 너무 아파서 설사를 했어.

- stomachache 위통, 복통
- diarrhea 설사

B That's TMI!
뭘 그런것까지 다 말해!

입이 무거운 사람을 말할 때

▶ WATCH

He is tight-lipped.

그는 입이 무거워.
(= 그는 과묵해.)

be tight-lipped
입이 무겁다

- **tight-lipped**
  = 말을 잘 안 하는, 말이 없는, (특히 화가 나서) 일을 꽉 다문
- **be tight-lipped**
  = 입을 굳게 다물다(함구하다), 말이 없다 ▶ 입이 무겁다, 과묵하다
    → 비밀을 지킨다는 의미보다는 '**상대가 원하는 정보를 쉽게 주지 않고 입을 다물고 있다**'라는 뉘앙스

오늘은 입을 잘 열지 않고 말을 아끼는 사람을 어떻게 표현하는지 궁금하네. 이렇게 말을 안 하는 사람을 '**입이 무겁다, 과묵하다**'라고 하는데, 'He/She is quiet.(그 사람은 조용해.)'라고 표현하기엔 의미가 약해 보이고, 더 좋은 표현이 없을까?

'He/She is tight-lipped.'라고 해요. 'tight(딱 붙는 / 묶여 있는)+lipped(입술이 ~한)'이 함께 쓰이면 '입술이 꽉 다물어져 있는' 모습이 상상되죠? 그래서 'be tight-lipped'라고 하면 '말이 없다 / 입이 무겁다 / 과묵하다'와 같은 의미를 갖게 돼요.

아하! 입술을 꼭 다물고 있는 모습이 그려지니까 이해가 쏙쏙 되네!

네, 그래서 말이 없는 모습도 나타내지만 화가 나서 입을 꽉 닫고 있는 모습도 나타내요.

 Mini Dialogue

A Nathan has a big mouth.
Nathan은 입이 가벼워. (말이 많아.)

B Does he? He is always tight-lipped around me.
그래? 내가 볼 땐(내 주변에선) 항상 말이 없던데.

• have a big mouth 입이 가볍다, 입이 싸다, 수다스럽다

He is easily swayed.

그 사람은 귀가 얇아.
(= 마음이 갈대 같아.)

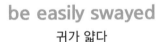

be easily swayed
귀가 얇다

- **sway**
  = (전후좌우로 천천히) 흔들리다, (마음을) 흔들다 / 동요시키다
- **be easily swayed**
  = 쉽게 흔들리다, 좌우되다, 휩쓸리다, 영향을 받다(= **be easily influenced**)
  → 줏대가 없어 다른 사람이 하는 말에 잘 흔들리는 사람을 비유적으로 말하는 맥락상 '**귀가 얇다, 팔랑귀다, 마음이 갈대처럼 흔들리다**'와 같은 뉘앙스로 해석

다른 사람들이 하는 말에 쉽게 생각이나 마음이 변하는 사람을 보고 **'귀가 얇다, 마음이 갈대 같다'**라고 표현하거든.
영어로도 이런 표현할 수 있을까?

그럴 땐 'She/He is easily swayed.'라고 해요.
'sway'가 '흔들리다, (마음을) 흔들다'라는 의미여서
'be easily swayed'라고 말하면 '쉽게 흔들린다'라는 말이 돼요.

아, 그 사람이 (다른 사람 말에) 쉽게 영향을 받아 이리저리 흔들리는 거니까 '귀가 얇다(팔랑귀다), 마음이 갈대와 같다'라는 의미로 통하는 거구나!

네. 갈대처럼 이리저리 흔들리는 모습이 그려지죠?
그리고 마음이 흔들리는 건 영향을 받고 있는 모습이니까
'be influenced(영향을 받다)'를 써서 'She/He is easily influenced.'라고 말할 수도 있어요.

A I hate that Benny is easily swayed by what other people say.
난 Benny가 다른 사람들이 하는 말에 쉽게 흔들리는 게 정말 싫어.

B It is what it is.
원래 그런걸 어떻게 하겠어? (뭐 어쩔 수 없지.)

• It is what it is. (실망·체념하면서 받아들여야 할 때) 뭐 어쩔 수 없지.

▶ WATCH

It might sound like I am bragging but I can't help it.

팔불출 같겠지만 어쩔 수가 없네.

sound like I am bragging
자랑하는 것처럼 들리다(팔불출 같다)

- **brag** = 자랑하다, 떠벌리다
- **sound like I am bragging**
  = 자랑하는 것처럼 들리다 ▶ 팔불출 같(이 들리)다
  → 자랑하는 사람을 두고 '팔불출'로 빗대어 지칭
  (*위의 문장에서처럼 동사 앞에 'might'를 붙여 말하면, '추측/낮은 가능성'을 나타냄)
- **can't help it** = 어쩔 수가 없다

옛날부터 자기 자신을 포함해서, 아내 자랑, 자식 자랑 많이 하는 사람을 두고 '팔불출'이라고 했거든. 이렇게 자랑할 때 **'팔불출 같겠지만 어쩔 수가 없어.'**라는 말을 덧붙여 잘 말하거든. 영어로도 이렇게 말할 수 있을까?

영어로 'brag'는 '자랑하다'라는 말인데요. 마치 내가 자랑하는 것처럼 들리는 거니까, 'It might sound like I'm bragging.(내가 자랑하는 것 같이 들릴 수 있다.)'라고 표현할 수 있어요. 이 뒤에 'about+대상(~에 대해)'을 붙여서 자랑하는 대상을 구체적으로 넣어 말할 수도 있어요.

그렇네! 그럼 상대방이 '듣기 싫어해도 나는 말할 거야'라는 뉘앙스로 '어쩔 수 없어'라는 말은 어떻게 해?

'I can't help it.'이라고 말해요. 어떤 상황이든 내가 컨트롤 (control = 조절, 억제) 할 수 없을 때 사용하면 딱 좋아요.

 Mini Dialogue

A It might sound like I'm bragging about my kids, but I can't help it.
우리 애들을 자랑해서 팔불출 같겠지만, 어쩔 수가 없네.

B Just spit it out already! What is it?
그냥 빨리 말해! 뭔데?

- **spit it out** (보통 명령문으로 쓰여)털어 놔, 어서 말해
- **already** 이미, 벌써, (문장 끝에 붙어서) 빨리

It's like **a fox** guarding the henhouse.

고양이한테 생선을 맡긴 격이야.

It's like A guarding B.
A에게 B를 맡긴 격이다.

- **guard** = 지키다, 보호하다
- **It's like+명사/동명사**
  = ~와 같다 ▶ ~와 다름없다, ~와 흡사하다
- **It's like A guarding B.**
  = A보고 B를 지키라고 하는 것과 다름없다(A가 B를 지키는 것과 같다) ▶ A에 게 B를 맡긴 격이다
- **It's like a fox guarding the henhouse.**
  = 여우가 닭장을 지키는 것과 다름없어. ▶ 고양이에게 생선을 맡긴 격이야.

못 미더운 사람에게 일이나 물건을 맡겨 놓고 불안하고 걱정될 때 '고양이한테 생선을 맡긴 격이다'라는 속담에 빗대어서 많이 말하거든. 영어에도 이런 표현이 있어?

네! 영어로는 'It's like fox guarding the henhouse.'라고 말해요. 말 그대로 '여우보고 닭장을 지키게 하는 것과 다름없다(여우가 닭장을 지키는 것과 같다.)'라는 뜻인데 '고양이한테 생선을 맡긴 격이다.'라는 속담과 정말 비슷하죠?

그렇네! 미국 사람들은 fox(여우)와 henhouse(닭장)을 쓰고 우리는 고양이와 생선으로 말하는 것만 다르네!

네! 미국 속담인 'Don't let the fox guard the henhouse. (여우보고 닭장을 지키게 하지 마라. → 고양이에게 생선을 맡기지 마라.)'가 바로 그런 뜻이죠.

 Mini Dialogue

A I'm wondering how he became a CPA.
He is a gambling addict.
그 사람이 어떻게 회계사가 된 건지 믿을 수가 없어.
그 사람 도박 중독자잖아.

B Exactly! It's just like a fox guarding the henhouse.
내 말이! 이건 마치 고양이한테 생선을 맡기는 격이야.

- CPA(Certified Public Accountant) 공인 회계사
- a gambling addict 도박 중독자

Your eyes are so expressive!

네 눈에서 (무슨 생각하는지) 다 티나!

be so expressive
(생각 · 감정 등이) 다 티가 난다

- **expressive**
  = (생각 · 감정을) 나타내는, 표정 · 표현력이 있는

- **be so expressive**
  = 표현력이 매우 좋다(생각 · 감정이 잘 나타난다)
    → '무슨 생각을 하는지, 어떤 감정인지 잘 드러난다(다 티가 난다)'라는 뉘앙스

- **Your eyes are so expressive.**
  = 네 눈에서 (무슨 생각하는지, 어떤 감정인지) 다 티나. (눈으로 말을 하네.)

상대에 따라 눈빛만 봐도 무슨 생각을 하는지, 어떤 감정인지 다 보일 때가 있잖아? 이렇게 눈에서 생각·감정이 잘 드러나는 사람을 볼 때 '눈에서 다 티가 난다, 눈으로 말을 한다'라고 하는데, 영어로는 이런 말을 어떻게 해?

그럴 땐 'Your eyes are so expressive.'라고 말해요. 'expressive'가 '생각·감정을 나타내는/표현하는'이란 의미여서 'be so expressive'라고 말하면 '(생각·감정이) 잘 드러난다 → 다 티가 난다'라는 말이 되거든요.

그럼, 내가 상대의 생각이나 감정을 다 읽었을 때 할 수 있는 말이 또 있어?

'I can read your mind.'라고 말할 수도 있어요. 직역하면 '네 마음을 (다) 읽을 수 있어.'인데, 맥락상 '네가 무슨 생각하는지 다 알아. / (네 얼굴·눈빛만) 보면 알아.'라는 의미로 통해요.

A   I know you are super excited. Your eyes are so expressive!
너 완전 들떠 있는 거 다 알아. 네 눈이 다 말하고 있거든!

B   Did you read my mind again?
또 내 생각을 다 읽은 거야? (나 또 들킨 거야?)

• read one's mind ~의 생각을 읽다, 속내를 알 아차리다

물건을 아끼지 않고 다룰 때

▶ WATCH

They treat it like loose change!

걔들은 아낄 줄 몰라!

treat ~ like loose change
~을 아끼지 않는다

- **loose change**
  = (호주머니나 가방 속에 돌아다니는) 동전
    → 별로 대수롭게 여겨지지 않는 잔돈푼
- **treat ~ like loose change**
  = ~을 잔돈푼처럼 여기다(취급하다)
    → '(물건 등을) 아끼지 않고 막 취급하다 / 신경도 쓰지 않는다'는 뉘앙스

리아와 아리가 연필 같은 물건을 쓰고 나서 아무 곳에 둬서 굴러다니는데도 쳐다보지도 않으면 엄마가 '**뭘 아끼는 게 없어! / 아낄(아까워 할) 줄 몰라!**'라고 말하잖아. 그렇게 물건을 여기저기 굴러다니는 동전처럼 아끼지 않고 막 취급할 때 영어로는 뭐라고 해?

그럴 땐 'treat(취급하다)+물건/사람+like loose change(여기 저기 굴러다니는 동전처럼)'를 써서 말할 수 있어요. 별로 중요하게 여기지 않는 동전처럼 소중하게 다루지 않는 행동을 말해요. 그래서 엄마가 저희에게 말할 땐 'You treat it like loose change! (아까워 할 줄 모르네)'라고 할 수 있는 거예요.

글쿠나. 사람을 넣어서 말하면 '사람을 하찮게 대하다 / 막 대하다'라는 의미가 되겠네.

네. 물건이나 사람을 막 대할 때 다 쓸 수 있어요.

A My kids don't put things away after using them.
우리 애들은 뭘 쓰고 나면 제 자리에 갖다 놓지를 않아.

B Mine too. They treat everything like loose change.
우리 애들도 그래. 걔네도 모든 것을 무슨 굴러다니는 동전 보듯 해.

• put ~ away (다 쓰고 난 물건을 보관 장소에) 넣다, 치우다

I just had an Aha moment!

방금 딱 깨달은 게 있어!

Aha moment
(아하! 하고) 깨닫는 순간

- **Aha moment**

  = 아하! 하고 깨닫는 순간

    → '맞아! / 이거구나!' 하고 무릎을 탁 치는 순간

- **have an Aha moment**

  = 한순간에 깨달음이 있다

    → 맥락상 자연스럽게 '(무릎을 탁 치며) 깨닫다, (순간) 깨달은 게 있다'라고
    해석 가능

- **I just had an Aha moment!** = 방금 딱 깨달은 게 있어!

평상시에는 생각을 못하다가 갑자기 머리를 한 대 맞은 것처럼 깨달음이 오는 순간이 있잖아? 이렇게 한순간에 깨달음이 올 때를 '무릎을 탁! 치는 (깨달음이 온) 순간'으로 표현하기도 하거든. 영어로는 이러한 순간을 뭐라고 해?

영어로는 'Aha moment'라고 해요. 무언가 확! 깨달아지면 '아하! (맞다, 이거구나!)'와 같은 탄성이 절로 터지잖아요? 그래서 'Aha(아하!)' 뒤에 'moment(순간)'를 붙여서 말해요.

그렇구나! 그러면 대화를 할 땐 '나 방금 딱 깨달은 게 있어!'와 같이 말을 하잖아. 이건 어떻게 말할 수 있어?

'I just had an Aha moment!'라고 말하면 돼요. 이때 'Aha'는 국어책 읽듯이 평이하게 말하는 게 아닌 탄성이 나오듯 'A'에 강세를 주면서 말해야 해요!

 **Mini Dialogue**

A You'll have an Aha moment at some point in your life.
네가 살다 보면 어느 순간 깨닫게 될 때가 있을 거야!

B Right, only time will tell.
맞아, 시간이 지나면 알겠지.

- at some point 어느 시점에, 어느 순간에
- (only) time will tell 시간(만)이 말해 줄 것이다 → 시간이 지나면 알게 될 것이다

I was tossing and turning.

잠을 자는 둥 마는 둥 했어.

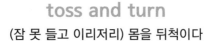

toss and turn
(잠 못 들고 이리저리) 몸을 뒤척이다

· **toss and turn**

= (자면서) 몸을 뒤척이다

→ '**toss**(아래위 · 좌우로 흔들리다 → 뒤치락거리다, 뒹굴다)'와 '**turn**(몸을 돌리다)'이 함께 쓰여 '(잠을 못 들고 이리저리) 몸을 뒤척이다'라는 의미를 나타냄

· **be tossing and turning**

= (몸을 뒤척이다가) 잠을 설치다 ▶ 잠을 자는 둥 마는 둥 하다

→ 위 표현에서 '진행형'은 지속적으로 반복되는 동작을 나타내요.

침대에서 누워서 잠 못 들고 뒤척일 때가 있잖아. 특히 깊게 잠들지 못해 도중에 깨는 일이 허다할 때, '(몸을 뒤척이다) 잠을 설쳤다'는 말도 많이 하거든. 이렇게 '잠 못 들고 몸을 뒤척이다(→ 잠을 설치다)'라는 말을 영어로는 뭐라고 해?

'toss and turn(몸을 뒤척이다)'을 써서 'I was tossing and turning.(잠 못 들고 몸을 계속 뒤척였어. → 잠을 설쳤어.)'라고 말할 수 있어요. 'toss(뒤치락거리다, 뒹굴다)+trun(방향을 돌리다)' 이 함께 쓰여서 '뒤척이다'라는 의미를 나타내요.

그렇구나! 몸을 이리 저리 방향을 바꾸면서 뒹구는 모습이 그려지는데?

딱 그 모습이에요! 그렇게 잠을 설친 상태를 'I was tossing and truning.(잠을 자는 둥 마는 둥 했어.)'라고 말할 수 있는 거예요.

A I was tossing and turning all night.
밤새 잠을 못 자고 몸을 뒤척였어.

B Why? Is something worrying you?
왜? 뭐 걱정되는 일 있어?

- all night 밤새
- worry 걱정하다, 걱정 (불안)하게 만들다

I slept like a log.

꿀잠 잤어.

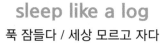

sleep like a log
푹 잠들다 / 세상 모르고 자다

- **sleep** (sleep–slept–slept)
  = 잠을 자다
- **sleep like a log**
  = 세상 모르고 자다 ▶ 푹 자다(단잠 · 꿀잠 자다)
  → '**sleep**(자다)+**like**(~와 같이)+**a log**(통나무)'는 직역하면 '통나무처럼 움직이지 않고 자다'인데 즉, 통나무처럼 '꼼짝 않고 쓰러져 잔다 ▶ 세상 모르고 잔다(누가 업어 가도 모를 정도로 깊게 잠을 잔다)'라는 의미로 통해요.

잠이 아주 깊이 들어서 누가 깨워도 못 일어날 때가 있잖아. 그럴 때 우리는 '누가 업어 가도 모르게 잔다, 세상 모르고 잔다'와 같이 말하거든. 그만치 푹 잠들어서 단잠/꿀잠을 잔 거겠지? 영어에도 이런 표현이 있을까?

그땐 'sleep like a log'를 써서 'I slept like a log. (나 꿀잠 잤어.)'와 같이 말할 수 있어요.

'log'는 통나무를 말하니까, 'sleep like a log'를 직역하면 '통나무와 같이 잔다'라는 의미가 되는데?

통나무를 아무리 옆에서 굴려 보고 발로 차도 꼼짝도 안 하잖아요? 그렇게 꼼짝하지 않고 쓰러져 잘 정도로 '푹 자는 걸' 뜻하게 돼요. 그리고 깊게 잠든 아기에 비유해서 'sleep like a baby'로 말할 수도 있어요. 물론 '깊게 잠들었다'라는 말 그대로 'I slept deeply.'라고 말하기도 해요.

A I slept like a log last night.
나 어젯밤에 누가 업어 가도 모를 정도로 (깊은 잠을) 잤어.

B Good! Now you feel recharged.
잘됐네! 이제 충전된 기분이겠다.

• feel recharged 충전되다

181

Review Quiz

01 That's _____.

그런 말까지 굳이 뭐 하러 해?

02 He is _____.

그는 입이 무거워. (= 그는 과묵해.)

03 He is easily _____.

그 사람은 귀가 얇아. (= 마음이 갈대 같아.)

04 It might sound like I am _____
but I can't _____ it.

팔불출 같겠지만 어쩔 수가 없네.

05 It's like a fox _____ the henhouse.

고양이한테 생선을 맡긴 격이야.

01 TMI 02 tight-lipped 03 swayed 04 bragging, help 05 guarding

06 Your eyes are so _____!

네 눈에서 (무슨 생각하는지) 다 티나!

07 They treat it like loose _____!

걔들은 아낄 줄 몰라!

08 I just had an _____.

방금 딱 깨달은 게 있어.

09 I was _____ and turning.

잠을 자는 둥 마는 둥 했어.

10 I slept like a _____.

꿀잠 잤어.

06 expressive 07 change 08 Aha moment 09 tossing 10 log

DAY
071 ~ 080

YOU CAN DO IT!

CHEER UP!!

죽었다 깨어나도 하기 싫을 때

 ▶ **WATCH**

That is the last thing I want to do.

그건 죽었다 깨어나도 정말 하고 싶지 않은 일이야.

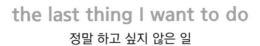

the last thing I want to do
정말 하고 싶지 않은 일

· **the last thing**

= 마지막 단계, 최후의 것

· **the last thing I want to do**

= 내가 하고 싶은 (것 중에) 가장 마지막의 것 ▶ (가장 마지막으로 미루고 싶을 정도로) 하고 싶지 않은 일 / 정말 하기 싫은 일

 → 맥락상 '**죽었다 깨어나도 하기 싫은 일**'이란 뉘앙스

정말 하기 싫거나 가장 피하고 싶은 것을 말할 때 'hate(싫어하다)' 말고 다른 좋은 표현이 있을까?

'the last thing I want (to do)'를 써서 말할 수 있어요. 우리가 하기 싫으면 마지막까지 일을 미루게 되잖아요? 그래서 'the last thing(가장 마지막의 것)+I want to do (내가 하길 원하다)'를 함께 쓰면 '내가 하고 싶은 것 중에 가장 마지막 것'을 말해요.

그래서 가장 마지막까지 미룰 정도로 '정말 하기 싫은 일'을 뜻하게 되는 거구나!

네. 그래서 'That is the last thing I want to do.'는 '죽었다 깨어나도 정말 하기 싫어.'라는 뉘앙스를 잘 나타내고 있어요.

 Mini Dialogue

A The last thing parents want is to lose their kids.
부모들한테 죽었다 깨어나도 싫은 일은 자식을 잃는 일이야.

B I agree with you 100 percent.
100% 완전 동감해.

- lose ~을 잃다
- agree with ~ ~에 동의하다, ~와 동감하다

열정적으로 할 만큼 정말 좋아할 때

▶ WATCH

I'm so passionate about learning English.

난 영어 배우는 거 정말 좋아해.

be so passionate about ~
~에 정말 열성적이다/열심이다

- **passionate**
  = 열정적인, 열렬한
- **be so passionate about ~**
  = ~에 정말 열성적이다/열심이다
    → 무언가를 정말 좋아해서 '의지 · 열의를 갖고 한다'는 뉘앙스를 나타내요.
      맥락상 자연스럽게 '~하는 게 정말 좋다'라고 해석할 수 있으며 '가슴이 뛸
      정도로 좋아하는 상태'를 표현해요.

어떤 것을 열정적으로 할 만큼 정말 좋아할 때 나의 열의를 잘 표현하고 싶은데, 매번 'I really like it.(정말 좋아해.)'으로만 말하거든. 좀 더 멋진 표현 없을까?

'be passionate about ~(~에 대해 열정적이다/열심이다)'을 써서 말하면 돼요. 어떤 일을 정말 좋아해서 애정을 갖고 엄청 열심히 한다는 말이에요.

 그렇구나! 그럼, 내가 '영어 배우는 것을 정말 좋아해서 열의를 갖고 공부하는 상태'는 어떻게 표현할 수 있어?

방금 알려 준 표현을 써서 'I'm so passionate about learning English.(난 영어 배우는 거 정말 좋아해.)'라고 말할 수 있어요. '열의를 갖고 한다'는 뉘앙스를 나타내요. 'be passionate about' 뒤에는 정말 좋아해서 열의를 갖고 하는 것은 무엇이든지 다 쓸 수 있어요.

 **Mini Dialogue**

A My parents are so passionate about hiking.
우리 부모님은 등산하는 거 정말 좋아하셔.

B I think it's one of the most popular outdoor activities for Koreans.
내 생각엔 등산은 한국 사람들이 가장 좋아하는 야외 활동 중 하나인 것 같아.

- one of + 복수 명사
  ~중에 하나
- outdoor activity 야외 활동

왜 좋은지 이성의 매력을 물어볼 때

▶ WATCH

What's appealing about him?

(그 사람) 어디가 그렇게 좋아?

be appealing about ~
~에 (대해) 마음이 끌린다

- **appeal**
  = 매력이 있다, 어필하다(흥미를 불러일으키거나 마음을 끌다)
- **be appealing about ~**
  = ~에 대해 (마음이) 끌린다
- **What is appealing about ~?**
  = ~에 대해 뭐가 끌리는 거야?
  → 이 말은 곧 '어디가(뭐가) 그렇게 좋아? ▶ ~가 왜 끌리는(좋은) 건데?'라고 묻는 질문이 될 수 있어요.

누군가에게 이성 친구가 생기면 '(그 사람) 뭐가 그렇게 좋아? / 어디가 그렇게 끌려?'라고 물어보곤 하잖아? 이렇게 이성에 대한 매력을 물어볼 때 영어로는 어떻게 말해?

'What's appealing about him/her?'이라고 물어봐요. '그 사람(에 대해) 뭐가 마음에 끌리는 건데? → 뭐가(어디가) 그렇게 좋아?'라고 해석할 수 있어요.

그럼 '그 사람이 왜 좋은 건데?'라는 의미로도 쓸 수 있는 거야?

네, 실제 매력 포인트를 묻는 질문이 될 수도 있지만 그 이성 친구가 왜 좋은지 묻는 질문이기도 하거든요. 참고로 'What do you like about him/her?(대체 그 사람 어디가 좋은 건데?)'로도 질문할 수 있어요. 그런데 이런 질문들은 그 이성 친구에 대해 별로 탐탁지 않게 여긴다는 느낌도 전달될 수 있어요. 애당초 마음에 들었다면 이런 질문 자체를 안 했을 테니까요.

A What's appealing about him?
그 남자 뭐가 그렇게 끌려?

B I can't pinpoint it. I just feel we are meant to be together.
딱 꼬집어서 말 못해. 그냥 우린 운명이라는 느낌이 들어.

- pinpoint 이유를 정확히 집어내다
- be meant to do ~하지 않으면 안 되다, ~하기로 되어 있다

Just spit it out already!

뜸 들이지 말고 빨리 말해!

---

spit it out
어서 말해라

- **spit** = (말을) 내뱉다
- **spit it out**
  = (보통 명령문으로 쓰여) 말해라 → 직역하면 '(그거) 뱉어'라는 뜻인데, 무언가를 말하길 꺼리거나 망설이는 사람에게 '(어서) 말해 봐'라는 말로 많이 쓰임
- just **spit it out** already
  = 뜸 좀 들이지 말고 어서(빨리) 말해라
  → 'just(그저, 딱)'와 'already(이미, 진작에)'를 넣어서 화자의 답답한 심정을 표현하는 것과 동시에 '어서(빨리) 말하라'고 재촉하는 뉘앙스

상대가 무언가를 말하길 꺼리거나 망설일 때, 또는 의사 표현을 확실히 하지 않고 우물쭈물할 때 **'뜸 들이지 말고 빨리 말해!'**라고 하거든. 영어로는 'Hurry up to say?'라고 하면 되나?

아니요, 그럴 땐 입 안에 가두어 두고 있는 말을 '확 뱉어 내!'라는 의미로 'Spit it out!'이라고 할 수 있는데요. 이때 '어서(빨리)'를 더욱 강조해서 말하고 싶다면 문장 끝에 'already'를 붙여 말해요.

그럼 'Spit it out already!' 이렇게 말한다는 거지?

네, 'already'는 '이미, 진작에' 했어야 한다는 의미로 한국어 '어서, 빨리' 하라는 뉘앙스로 쓰였어요. 그리고 문장 앞에 'just'를 붙여 말하면 뜸 들이고 있는 상대방에게 '그저, 딱 뱉기만 하면 된다'라는 뉘앙스로 전달돼요.

 Mini Dialogue

A Just spit it out already! Do you want it or not?

뜸 들이지 말고 빨리 말해! 좋아, 아니면 싫어?

B Don't push me so hard.

그렇게 막 밀어붙이지 마.

- **push** 밀어붙이다
- **so hard** 그렇게 힘껏, 아주 심하게(문맥상 자연스럽게 '마구 → 막'으로 해석)

하다 만 부분에서 다시 시작할 때

▶ WATCH

Where did we leave off?

우리 어디까지 (이야기) 했죠?

leave off
중단하다, 멈추다

· **leave**

= 떠나다, 벗어나다, 그만두다

· **leave off**

= 중단하다, 멈추다

· **Where did we leave off?**

= 우리 어디까지 했죠?

→ 어떤 행위나 일이 중단된 곳(지점, 시점)에서부터 다시 시작하는 상황에서 쓰여요.

이야기를 하는 도중에 주제가 바뀌었거나 말을 하다 말고 끝냈다가 다시 이어 나갈 때 **'어디까지 이야기 했더라?'**하고 물으며 확인하잖아? 영어로는 어떻게 말하는지 궁금했어.

간단해요! 'Where did we leave off?'라고 말하면 돼요.

이야기를 하다가 중단한 상태를 'leave off'라고 표현하는구나?

네! 'leave(떠나다)+off(~에서 떨어져)'를 함께 쓰면 '~에서 떨어져/떠나 있는 상태'라고 의미하게 되거든요. 그래서 하던 것을 '중단하다, 멈추다'라는 말로 쓰일 수 있는 거예요. 그리고 문장 끝에 'in our last conversation(지난 대화에서)'을 붙여서 말해도 되지만, 서로 아는 맥락이라면 굳이 붙여서 말하지 않고 'Where did we leave off?'로만 말해도 통해요.

A Where did we leave off in our last class?
지난 수업 시간에 <u>어디까지 했죠?</u>

B We need to start from page 50.
50페이지에서부터 시작할 차례예요.

• start from ~ ~에서 시작하다

I'm getting to it.

지금 말하려고 하잖아.

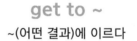

get to ~
~(어떤 결과)에 이르다

- **get to ~**
  = ~(어떤 결과)에 이르다
- **be getting to ~**
  = 지금 ~(이야기의 결론)에 이르고 있다 ▶ 지금 ~(이야기의 결론)을 말하려고 하고 있다
  → '**be+V-ing**'를 써서 가까운 미래(**확정된 일로 이미 진행되고 있는 일처럼 표현**)를 나타낼 수 있어요.

내가 말하고 있는 도중에 상대방이 재촉하면서 말을 막을 때가 있잖아. 그럴 때 '내가 **지금 말하려고 하잖아.**'와 같이 곧잘 말하거든. 영어로는 어떻게 표현해?

그땐 'I'm getting to it.'이라고 말하면 맥락상 딱 맞아요.

그럼, 'be about to ~(막 ~하려는 참이다)'를 써서 'I was about to tell you.'라고 말하면 이상해?

'I'm getting to it.'은 '지금 말하고 있는 중'이라 '곧 결론을 말할 거라는 의미'라면 'I was about to tell you.'는 '(어떤 것에 대해) 막 말을 하려던 참이었어.'라는 의미예요.

 **Mini Dialogue**

A So, how did the story end?
그래서 그 얘기 결론이 뭐야?

B Don't cut me off! I'm getting to it.
말허리 자르지 마! 지금 말하려고 하잖아.

• cut someone off ~의 말을 끊다

197

Speak English!

알아들을 수 있게 말해 봐!

speak English
알아듣게 말하다

• **speak English**

= 영어가 통하다, 알아듣게 말하다(명령문의 형태로 '알아들을 수 있게 말하라' 는 의미)

→ 누군가가 '법률 · 의학 · 기술 전문 용어' 혹은 '난해하거나 이해하기 어려운 말'을 하는 경우에 **'알아들을 수 있도록 분명하게 설명해 달라'**는 뉘앙스

Speak English, please!

= 좀 알아듣게 말해 줘!

어떤 영화를 보는데 환자가 의사한테 'Speak English!'라고 말하는 거야. 같은 영어로 말하는 미국 사람들끼리 왜 'English'로 '말하라'고 하는 거야?

그 말은 **'이해할 수 있는 말로 알아듣게 말하라'**는 의미예요.

아, 그런 거야? 그러고 보니 영화에서도 의사가 환자에게 의학 전문 용어를 써서 설명하니까 환자가 못 알아듣는 것 같았어. 영화에서처럼 같은 미국 사람이라도 이해할 수 없는 말을 할 때 'Speak English.'라고 말할 수 있는 거구나?

네! 같은 영어를 쓰더라도 서로 소통이 안 되는 상황에서 쓸 수 있는 말이에요. 그리고 헷갈리지 않도록 'Speak English.(알아듣게 말해.)'와 'Speak IN English.(영어로 말해라.)'의 차이점도 기억해 두면 좋겠죠?

 **Mini Dialogue**

A Deoxyribonucleic acid is the central information storage system of most animals, plants and even viruses.
디옥시리보핵산은 대부분 동식물과 심지어 바이러스의 중추 정보 저장 시스템이야.

B Hey, speak English!
저기, 알아듣게 말해 봐!

- Deoxyribonucleic acid (DNA) 디옥시리보핵산 (DNA)
- storage system 저장 시스템

속이 더부룩할 때

▶ WATCH

I'm bloated.

속이 더부룩해.

be bloated
속이 더부룩하다

· **bloated**

= 부은, 부푼, 배가 터질 듯한

· **be/feel bloated**

= 속이 더부룩하다

→ '가스가 차서 배가 빵빵해진 상태'를 표현하기 때문에, 맥락에 따라 '**배에 가스가 차다**' 혹은 '**배가 빵빵해지다**'와 같은 의미로 쓰임

가스가 차서 배가 빵빵해질 때가 있잖아.
이렇게 속이 더부룩해서 배가 부어오를 때 영어로는 뭐라고 해?

'I'm bloated.'라고 말해요. 'bloated'는 '부은, (빵빵하게) 부푼'
이란 의미예요. 그래서 'I'm bloated.'는 '배에 가스가 찼어.'
또는 '속이 더부룩해.'라는 말로 통해요.

'bloated'만 알면 쉽게 써먹을 수 있겠네!
그럼, 가스가 차서 배가 부풀어 오른 상태 말고도 살이 쪄서
나온 배, 또는 임산부의 배를 말할 때도 다 쓸 수 있는 거야?

네, 부풀어 오르거나 빵빵하게 커진 배에 해당하는 모든 상황에서
사용할 수 있어요. 참고로 배에 '가스가 찬' 상태를 중점적으로
말하고 싶다면 'I have gas.(배에 가스가 찼어.)'라고만
말해도 의미는 충분히 전달돼요.

 **Mini Dialogue**

A I feel bloated and gassy.
속이 더부룩하고 가스가 찼어.

B Taking a walk might help you feel better.
좀 걸으면 나아질지도 몰라.

- take a walk 산책하다
- feel better (기분, 몸 상태가) 나아지다

▶ WATCH

You've outgrown your shoes.

이제 많이 커서 신발이 안 맞네.

outgrow one's shoes/clothes

많이 커서(훌쩍 자라서) 신발이/옷이 맞지 않다

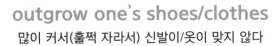

- **outgrow (outgrow-outgrew-outgrown)**
  = ~보다 커지다, (신발 · 옷 등에 비해 몸이) 너무 커져서 맞지 않게 되다
- **have outgrown one's shoes/clothes**
  = (그동안) 많이 커서(훌쩍 자라서) 신발이/옷이 맞지 않다
  → '현재 완료 시제(**have p.p.**)'를 통해 그동안의 상황이 현재의 결과에 영향
    을 미치는 상태를 표현

방학 동안에 리아가 훌쩍 커 버려서 신발도 안 맞고 옷도 작아질 때가 있잖아. 그때 엄마가 종종 하는 말이 '이제 많이 커서 (신발, 옷이) 안 맞네.'라고 하잖아? 이런 말도 영어로 어떻게 하는지 궁금하네!

'You've outgrown your shoes/clothes.'라고 말해요.

 아, 'outgrow'를 써서 말하는구나. 마치 몸이 옷이나 신발 밖으로 삐져나올(out) 만큼 성장한(grow) 모습이 그려지는데?

맞아요! 'outgrow'는 (신발·옷 등에 비해 몸이) 너무 커져서 맞지 않게 되다'라는 의미예요. 참고로 'outgrow'는 나이를 먹으면서 성숙해져서 어릴 때 했던 행동을 더 이상 하지 않을 때에도 많이 쓰는 표현이에요.

A Do you still keep in touch with friends from your old school?
예전 학교 친구들이랑 아직도 연락하면서 지내?

B No, I've outgrown them.
아니요, 이제 친구 없으면 슬퍼할 때는 지났죠.

- keep in touch with ~
  ~와 연락하다(연락하며 지내다)

I think I'm hitting puberty.

나 사춘기가 막 시작된 것 같아.

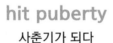

hit puberty
사춘기가 되다

- **puberty**
  = 사춘기
- **hit puberty**
  = 사춘기가 되다(오다), 사춘기를 겪다
- **be hitting puberty**
  = 사춘기에 접어들다, 사춘기가 이제 막 시작되다
  → '현재 진행형'을 써서 말하고 있는 그 시점에 딱 발생한 일(사춘기가 이제
     막 시작)을 좀 더 강조해서 표현할 수 있겠죠?

리아가 빨리 십대(teenager)가 되고 싶어 하잖아. 그럼, 곧 '사춘기'가 시작될 텐데, '**사춘기가 시작되다**'라는 말은 영어로 뭐라고 해?

사춘기는 'puberty'라고 하고요, '사춘기가 시작되다'라는 말은 'hit puberty'라고 해요.

 그럼, 'start(시작하다)'를 써서 'start puberty'라고 말하면 안 되는 거야?

그 표현도 맞아요. 단지 'hit'을 써서 표현하면 그 시기를 '탕!' 치고 시작하는 것처럼 갑작스레 시작하는 느낌을 좀 더 나타내요. 그래서 '나 사춘기가 이제 막 시작한 것 같아.'라고 말하고 싶을 땐 'I think I'm hitting puberty.'라고 말해요. 물론, 'I think I hit puberty. (나 사춘기가 온 것 같아.)'처럼 말할 수도 있어요.

 **Mini Dialogue**

A Mom, I think I hit puberty.
엄마, 저 사춘기가 온 것 같아요.

B Puberty is nothing compared to menopause.
사춘기는 갱년기랑 비교할 게 전혀 못 돼.
(사춘기는 갱년기랑 비교해서 아무것도 아니야.)

- compared to ~ ~와 비교하여
- menopause 갱년기

205

Review Quiz

01 That is the _____ thing I want to do.

그건 죽었다 깨어나도 정말 하고 싶지 않은 일이야.

02 I'm so _____ about learning English.

난 영어 배우는 거 정말 좋아해.

03 What's _____ about him?

(그 사람) 어디가 그렇게 좋아?

04 Just _____ it out already!

뜸 들이지 말고 빨리 말해!

05 Where did we _____ off?

우리 어디까지 (이야기) 했죠?

01 last 02 passionate 03 appealing 04 spit 05 leave

06 I'm _____ to it.

지금 말하려고 하잖아.

07 Speak _____!

알아들을 수 있게 말해 봐!

08 I'm _____.

속이 더부룩해.

09 You've _____ your shoes.

이제 많이 커서 신발이 안 맞네.

10 I think I'm _____ puberty.

나 사춘기가 막 시작된 것 같아.

06 getting 07 English 08 bloated 09 outgrown 10 hitting

DAY
081 ~ 090

YOU CAN DO IT!

CHEER UP!!

We have a bond.

우린 정들었어.

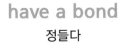

have a bond
정들다

· **bond**

= 유대, 끈

· **have a bond**

= 유대감을 갖다, 유대 관계를 가지다

→ 정이 끈끈할수록 긴밀한 유대 관계가 형성되기 때문에, '유대감이 있다'라 는 말을 '**(끈끈한) 정이 있다**'라고 자연스럽게 풀이해서 사용해요.

사랑이나 친근감을 느끼는 마음을 '정'이라고 표현하는데,
한국 사람들이 '정'이 참 많거든. 그래서
서로 간 **'정이 들다'**라는 표현을 많이 해.
영어로도 표현할 수 있을까?

한국에서 느끼는 '정'과는 조금 다를 수 있지만, 미국 사람들도
서로 연결되어 끈끈한 마음이 생길 때 'have a bond'라는
표현을 사용해요.

엄마는 'bond'라고 하면 어렸을 때 접착제로 썼던
'본드'가 떠오르는데?

맞아요. 'bond'가 접착제 '본드'도 말하지만, '유대감, 끈' 또는
'접착시키다, 결합시키다'라는 뜻도 있어요. 마치 '서로를 감정으로
접착시키는 것'과 같죠? 참고로 'attachment(애착)'도 이와 같이
이해하면 돼요. 그래서 'have an attachment to ~(~에 정이 들다,
~에게 애착을 갖다)'로도 표현하니까 함께 알아 두면 좋겠죠?

 Mini Dialogue

A I have an attachment to my kids.
난 우리 애들한테 정들었어.

B You definitely have a bond with them!
You've been with them since they were
born.
당연히 애들한테 정이 들 수밖에!
걔네 태어나서 계속 같이 살았잖아.

• **definitely** 확실히, 분
명히 (맥락상 강조의 의
미로 '당연히'라고 해석)

애증 관계에 있을 때

▶ WATCH

I have a love-hate relationship with my sister.

난 내 동생과 애증 관계야.

have a love-hate relationship with ~
~와 애증 관계에 있다

- **love-hate relationship**
  = 애증 관계
- **have a love-hate relationship** with+사람/활동
  = ~와 애증 관계에 있다
    → 문맥에 따라 '**~와 고운 정 미운 정이 다 들다**'라고 해석

우리 한국인들은 정이 많아서 싫은 사람인데도 불쌍하게 여기면서 잘해 주는 경향이 있거든. 그럴 때 '고운 정 미운 정이 다 들었다, **애증 관계에 있다**'라는 말을 하는데, 영어에도 이런 표현이 있을까?

미국인들도 '애증 관계(love-hate relationship)'라는 말을 써요. 그래서 누군가와 '애증 관계에 있다'면 'have a love-hate relationship with ~'라고 표현해요.

말 그대로 '애증의(love-hate) 관계(relationship)'라고 풀어서 표현하는구나?

네! 그런데 이 말은 '사람'한테만 쓰지 않고 어떤 '활동'에 대해서도 쓸 수 있어요. 예를 들어서, 막상 영어 공부를 하면 재미나고 좋은데, 공부를 하기에는 귀찮거나 싫을 때가 있잖아요? 이때 'I have a love-hate relationship with learning English.(막상 영어 공부를 하면 좋은데, (한편으론) 하기가 싫어.)'라고 말할 수 있어요.

 **Mini Dialogue**

A I have a love-hate relationship with working out.
난 운동이 너무 싫은데, 또 하면은 되게 좋아.

· work out 운동하다

B You do? I have a love-hate relationship with learning English.
그래? 난 영어 공부가 그래. (막상 하면 좋은데, 하기가 싫어.)

속 시원한 이별을 할 때

▶ WATCH

Good riddance to this year!

한 해가 끝나니까 속이 다 시원하네!

good riddance
속이 다 시원하다

- **riddance**
  = 벗어남, 탈출, 귀찮은/싫은 것(일)을 쫓아 버림
- **good riddance**
  = (눈에 안 보여) 속이 시원하다 / 후련하다
  → 자신을 귀찮게 하는 일 · 사람 · 상황에서 벗어났다는 의미로 '다신 보고 싶지 않아, 빨리 가'라는 뉘앙스
- **good riddance to A**
  = (A가 없어져서 / A를 안 보게 되어) 속이 다 시원하다 / 후련하다

다시는 쳐다보고 싶지 않은 것(일·상황)이나 사람과 결별할 때 '**(헤어지니) 속이 다 후련하네!**'라는 말을 하거든. 마치 속담에 '앓던 이가 빠진 것처럼 속이 후련하다'와 같은 기분으로 말이야. 영어에도 유용하게 쓰는 말이 있던데, 뭐라고 하지?

'Good riddance!(보기 싫은 것이 없어서 속이 다 시원하네!)'와 같이 말해요.

그렇구나. 'Good bye!(잘 가!)'처럼 좋게 헤어지는 인사가 아니라 '잘 가! (두 번 다시 보지 말자!)'와 같은 뉘앙스가 느껴지네. 마치 너무 힘들어서 헤어지고 싶었던 연인을 두고 하는 말처럼 말이야.

네! 만일 대상을 지목해서 말하고 싶다면 뒤에 'to+대상'을 붙여서 말하면 돼요. 'Good riddance to this year!(올해가 끝나니까 속이 다 시원하네!)'처럼요!

A How is it going with Will?
　　 Will이랑은 어떻게 지내? (Will이랑은 잘 지내?)

B I'm done with him. Good riddance to him!
　　 걔와 끝났어. (더는 안 봐도 되니) 속이 다 시원하다!

　　　　　　　　　　　• be done with ~ ~와
　　　　　　　　　　　　(관계를) 끝내다

미련이 남아 있을 때

I have a lingering attachment to my ex.

나 아직 전 여자/남자 친구한테 미련이 남아 있어.

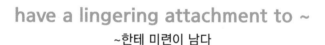

have a lingering attachment to ~
~한테 미련이 남다

- **attachment**
  = 애착
- **lingering attachment**
  = 미련
  → 'lingering'은 '(쉬 끝나거나 사라지지 않고) 오래 끄는'이란 의미이며 'attachment'와 함께 쓰여 '미련'이란 말로 사용돼요.
- **have a lingering attachment to ~**
  = ~에(게) 미련을 갖고 있다/미련을 두다, ~한테 미련이 남(아 있)다

지긋지긋했던 관계를 정리해서 속이 시원할 줄 알았는데, 한편으로는 아쉬운 감정이 남아 있을 때 '**미련이 남다**'라는 말을 하거든. 영어로도 그런 말을 해?

'정이 있다'고 할 때 'have an attachment'라고 말한 거 기억나죠?

기억나지! '(~에) 붙어 있는 감정'이라 그렇게 말했었지?

네! 이 표현에 'lingering(쉽게 사라지지 않는)'을 넣어서 'have a lingering attachment'라고 말하면 붙어서 맴도는 감정 상태인 '미련이 남다'라는 뜻이 돼요. 그런데, 이러한 감정 상태는 맥락에 따라 'regret(후회하다)'이나 'not want to give up ~ (~을 포기하고 싶지 않다)'과 같이 구체적으로 풀어서 설명하기도 해요!

 Mini Dialogue

A Honestly, I have a lingering attachment to my ex.
솔직히, 나 아직도 전 남친에게 미련이 남아 있어.

B Sounds like you regret breaking up with him.
너 걔랑 헤어진 거 후회하는(미련이 남은) 것처럼 들려.

- **ex** 전남편, 전처, 전 남자/여자 친구
- **regret V-ing** (이미) ~한 것을 후회하다, 유감스럽게 생각하다

It's a win-win situation.

서로에게 남는 장사지.
(= 이거 일거양득이네.)

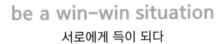

be a win-win situation
서로에게 득이 되다

- **win-win**

  = (관련된) 모두에게 유리한, 모두가 득을 보는, 윈윈의

- **be a win-win** situation

  = 서로에게 (다) 유리한 상황이다(득이 되다)

  → 맥락에 따라 '서로에게 남는 장사다 / 누이 좋고 매부 좋다 / 꿩 먹고 알 먹다 / 일거양득이다 / 님도 보고 뽕도 따다 / 마당 쓸고 동전 줍는다'와 같이 다양하게 활용될 수 있어요.

  *__be win-win for all/everyone__ = 모두에게 유리하다(득이 되다)

어떤 일이나 상황이 서로에게 모두 이롭고 좋을 때, '**누이 좋고 매부 좋다, 꿩 먹고 알 먹다, 일거양득이다**'와 같은 말을 많이 하거든. 영어로도 궁금하네!

이미 한국인들도 잘 쓰고 있는 영어 단어가 있어요. '서로에게 윈윈이다'라는 말을 하잖아요? 영어로는 'It's win-win!' 또는 'It's a win-win situation!'이라고 말해요.

'윈윈(win-win)'이라는 단어가 익숙해서 영어 표현이 더 자연스럽게 다가오네! 그럼, 어떤 일(상황)과 관련하여 이득을 보는 대상이 '모두(전부 다)'라는 것을 강조하고 싶을 땐 어떻게 말해?

그럴 땐, '모두(전부 다)'를 뜻하는 'all'을 넣어서 'it's win-win for all!'이라고 말하면 돼요.

 Mini Dialogue

A What do you think about the new project proposal?
새로운 프로젝트 제안에 대해 어떻게 생각해?

B I think it's win-win for everyone.
그건 모두에게 다 득이 될 것 같아.

- proposal 제안
- everyone 모든 사람, 모두

219

DAY 086

서로에게 좋을 게 하나도 없을 때

▶ WATCH

It's a lose-lose situation.

서로에게 좋을 게 하나도 없어.

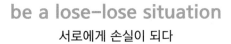

be a lose-lose situation
서로에게 손실이 되다

· **lose-lose**

= 오로지 부정적 결과만 낳는, 모두 패자가 되는

· **be a lose-lose** situation

= 서로에게 (다) 불리한 상황이다(손실이 되다)

→ 맥락에 따라 '**다 같이 죽자는 거다**'와 같은 뉘앙스를 나타냄

*be lose-lose for all/everyone = 모두에게 불리하다(손실이 되다)

모두에게 득이 될 때에는 'win-win situation'을 써서 말했는데, 그럼 반대로 서로에게 하나도 좋을 게 없고 잃는 것만 있을 때에는 'lose-lose situation'이라고 말하면 되는 거야?

네, 맞아요! 'lose'는 '잃다'를 뜻하니까 'win(이기다)'의 반대의 상황은 'lose-lose situation'으로 표현할 수 있겠죠?

그럼 서로에게 손실만 보는 상황은 'It's a lose-lose situation.' 으로 말하면 되는 거겠네?

그렇죠! 한국 드라마에서 '이건 다 같이 죽자는 거야'라는 말을 들은 적이 있는데, 이 말도 결국 '어느 누구한테도 좋을 게 하나도 없다'는 의미이니까 'it's lose-lose for all!'이라고 말하면 돼요.

A Workplace bullying is never good for anyone, even for the bully himself!
직장에서 따돌림은 누구한테도 좋을 게 없어, 그 따돌리는 애 자신한테조차도!

B It's lose-lose for everyone.
그건 다 같이 죽자는 거야. (모두에게 손실이야.)

- workplace 직장
- bullying (약자를) 괴롭힘, 따돌림
- bully 괴롭히다, 왕따시키다

탄산음료에 김이 다 빠졌을 때

▶ WATCH

It's flat.

(탄산음료에)
김이 다 빠졌어.

be flat
(탄산음료에) 김빠지다

· **flat**
 = 평평한, 편평한
   → 맛에 쓰일 땐 '밋밋한' 맛을, 탄산음료에 쓰일 땐 '김이 빠진' 상태를 의미
· **be flat**
 = 평평하다, (맛이) 밋밋하다, (음료에) 김이 빠지다
   → 맛을 표현하는 맥락상 '**감칠맛이 없다, 맛이 없다**'라는 의미로도 사용
   *get flat = 김빠지다(*김빠진 상태보다 김빠지는 현상을 강조)

콜라, 사이다, 맥주와 같은 탄산음료를 마시면 톡톡 쏘는 맛 때문에 청량감이 느껴져서 좋은데, 반면에 김이 빠져서 맛이 밍숭밍숭할 때가 있거든. 이렇게 탄산 음료에 '김빠진 상태'를 영어로는 어떻게 표현해?

'It's flat.(이거 김빠졌어.)'이라고 말해요.

아, 바람 빠진 타이어를 말할 때 'flat tire'라고 하는데, 여기에 쓰인 'flat'을 사용하는 거야?

네, 맞아요. 또 다른 예를 들어서 심장 박동기에 그려지는 주파를 보면 위, 아래로 포물선이 그려지는데, 박동이 멈추면 '삐'소리를 내면서 가로 직선을 그리잖아요. 이처럼 콜라, 사이다, 맥주와 같은 음료에 탄산의 '(포물선과 같은) 톡톡 쏘는' 맛이 없어지고 '(직선처럼) 밍밋'해지니까 'It's flat.'이라고 말할 수 있는 거예요.

 Mini Dialogue

A Ari! I poured Sprite for you already.
Ari야! 내가 너 마시라고 이미 스프라이트 따라 놓았어.

B Oh, no! I don't want my Sprite to get flat.
아, 안 돼! 난 내 스프라이트 김빠지는 거 싫단 말이야.

- pour 붓다, (음료를) 따르다
- Sprite 스프라이트 ('사이다, 콜라'는 영어로 'soda'라고 하거나 특정 브랜드 이름을 불러 말함)

223

It's so plump and full of flavor.

속이 꽉 차서 맛이 살아 있어.

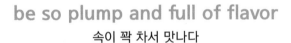

be so plump and full of flavor
속이 꽉 차서 맛나다

- **plump** = 속이 가득 찬
- **full of ~** = ~로 가득한
  → **full of flavor** = 풍미로(맛으로) 가득한
- **be so A(형용사) and B(형용사)**
  = 정말(매우) A하고 B하다
  → **be so plump and full of flavor**
    = 속이 정말 가득 차 있고 풍미로 가득하다 ▶ (만두나 찐빵 등의 음식이)
    속이 꽉 차서 맛이 (살아) 있다

만두나 찐빵 같은 음식은 속이 꽉 차면 풍미가 가득해서 너무 맛있잖아? 이럴 때 맛을 강조하는 느낌으로 '**속이 꽉 차서 맛이 살아 있다**' 라고 표현하거든. 영어로도 이러한 느낌을 살려서 말하고 싶은데 어떻게 표현하면 좋을까?

'It's plump and full of flavor!'라고 말하면 딱! 느낌이 살아요.

 'plump'라고 하면 '포동포동하고 토실토실한' 게 생각나. 그리고 이상하게도 입술 주사 맞은 후에 주사액이 들어가서 **빵빵하게** 부어오른 입술도 떠오르는 걸?

맞아요! 'plump'는 속이 꽉! 차서 빵빵한 거를 말해요. 그리고 풍미도 가득하니까 'full of flavor'라고 표현할 수 있겠죠? 그래서 '맛이 살아 있다'는 느낌을 살릴 수 있는 거예요.

 Mini Dialogue

A You should take a bite of this Mandu.
이 만두는 한입이라도 먹어 봐야 해.

B Wow! It's so plump and full of flavor.
와! 진짜 속이 꽉 차고 맛도 살아 있네.

· take a bite 한입 베어 먹다

I get stressed out!

완전 스트레스 받아!

---

get stressed out
스트레스를 받다

• **get(be) stressed out**

= 스트레스를 받다

→ '**stressed**(스트레스를 받는/느끼는)+**out**(나가 떨어지게)'는 몸이 나가 떨어질 정도로 '스트레스가 쌓여서 지친, 기진맥진한' 상태

* **get stressed out** vs. **be stressed out**

→ '**get stressed out**'은 스트레스가 쌓이게 되는 '상태의 변화'에 중점을 두는 반면, '**be stressed out**'은 스트레스가 완전히 쌓여 지쳐 있는 '상태'를 의미해요.

요즘엔 다들 힘든 일도 많고 바쁘니까 '스트레스 받는다'는 말을 정말 많이 쓰는 것 같아. 미국 사람들도 스트레스 받을 때 이런 말 많이 하겠지?

네, 'I get stressed out.'으로 많이 말해요.

그런데, 궁금한 점이 'out'을 안 붙이고 'I get stressed.'까지만 말하면 이상해?

일반적으로 스트레스를 받을 때는 'I get stressed.(나 스트레스 받아.)'라고 해요. 그런데 'OUT'을 붙여서 말하면, '정말 스트레스를 많이 받아서 지쳐 있는 상태'를 의미하게 되거든요. 즉 'out'이 '나가 떨어지는' 상태를 나타내기 때문에 'I get stressed out.'으로 말하면 '스트레스 때문에 지친다(나가 떨어지다)'라는 뉘앙스를 갖게 돼요. 요즘 말로 '완전 스트레스 받아/스트레스 만땅이야!'라는 말이 될 수 있겠죠?

 **Mini Dialogue**

A I am stressed out!
완전 스트레스 받아!

B What made you feel that way?
뭐 때문에 스트레스 받았는데?

• make A feel that way
A를 그런 기분이 들게 하다

스트레스 좀 풀라고 할 때

▶ WATCH

You need to let some steam off.

열 좀 식혀. / 스트레스 좀 풀어.

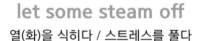

let some steam off
열(화)을 식히다 / 스트레스를 풀다

- **let ~ off** = ~을 터뜨리다/발산하다
- **let steam off (= let off steam)**
  = 울분(열기 등)을 발산하다
    → '**let off**(발산하다)+**steam**(김ㆍ증기)'은 맥락상 '눌러둔 감정(화, 스트레스 등)을 발산하다 ▶ 열을 식히다, 스트레스를 풀다'라는 의미로 활용
- **need to let some steam off(let off steam)**
  = 열을 식힐/스트레스를 풀 필요가 있다 ▶ 열 좀 식혀야 한다 / 스트레스를 풀어야 한다

스트레스를 쌓아 두면 건강에도 안 좋고 병이 되니 잘 푸는 게 중요하잖아? 그래서 '스트레스를 풀어야 해.'와 같은 말을 곧잘 쓰는데, 영어로 **'스트레스를 풀다'**라는 말은 'relieve stress'라고 하면 될까?

그것도 맞는데, 동일한 의미로 많이 쓰는 표현은 'let some steam off'라고 해요.

'steam(김 · 증기 · 열)'을 써서 말하는구나! 우리도 화가 나거나 열을 받을 때 '스팀 올라온다, 뚜껑 열린다'라는 표현을 쓰거든. 'steam'이 그런 어감으로 들리는데?

맞아요! 그 'steam(김 · 열 → 화 · 스트레스)'을 멀리 떨어지게 (off) 하는(let) 모습을 생각해 보세요. 그러면 'let some steam off'가 '열을 식히다, 화 좀 풀다, 스트레스를 풀다'라는 의미로 쉽게 이해될 거예요.

 **Mini Dialogue**

A My stress is building up and I feel like I'm about to explode.
스트레스가 쌓여서 곧 폭발할 것만 같아.

B Why don't you go to the spa after work to let off some steam?
퇴근하고 나서 열 좀 식힐 겸 찜질방에 가는 건 어때?

- build up 점점 쌓이다
- be about to do 막 ~하려고 하다
- Why don't you ~? ~하는 게 어때?

Review Quiz

01 We have a _____.

우린 정들었어.

02 I have a _____ relationship with my sister.

난 내 동생과 애증 관계야.

03 Good _____ to this year!

한 해가 끝나니까 속이 다 시원하네!

04 I have a lingering _____ to my ex.

나 아직 전 여자/남자 친구한테 미련이 남아 있어.

05 It's a _____ situation.

서로에게 남는 장사지. (= 이거 일거양득이네.)

01 bond 02 love–hate 03 riddance 04 attachment 05 win–win

06 It's a _____ situation.

서로에게 좋을 게 하나도 없어.

07 It's _____.

(탄산음료에) 김이 다 빠졌어.

08 It's so _____ and full of flavor.

속이 꽉 차서 맛이 살아 있어.

09 I get _____ out!

완전 스트레스 받아!

10 You need to let some _____ off.

열 좀 식혀. / 스트레스 좀 풀어.

---

06 lose-lose 07 flat 08 plump 09 stressed 10 steam

DAY
091 ~ 100

YOU CAN DO IT!

CHEER UP!!

Stop dissing my friend!

내 친구 디스하지 마!
(= 무시하지 마)!

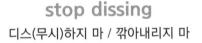

stop dissing
디스(무시)하지 마 / 깎아내리지 마

- **dis(diss)**

  = 경멸하다(깔보아 업신여기다), 무시하다, 깎아내리다

- **stop dissing+대상**

  = (명령형으로 쓰여) ~를 무시하지 마, 깎아내리지 마

  → 상대방이 누군가에 대해 무례하게 말할 때 '~를 디스하지 마(무례하게 굴지 마, 업신여기지 마, 깔보지 마 등의 뜻)'라는 말로 사용

요즘 한국에서 신조어들이 많이 생기는데, 그중 누군가를 무시하거나 깎아내릴 때 '디스한다'라는 말을 사용하거든.
영어로도 그렇게 말해?

네! 영어에 'dis(s)'라는 단어가 있어요.
'깔보거나 업신여기다'라는 의미를 나타내요.

영어에 그런 단어가 있었구나. 그럼, 누군가를 '디스한다'는 것은 무례한 태도를 취하거나 나쁜 말을 하는 거잖아? 그런 태도나 말을 저지하기 위해서 '디스하지 마.'라고 말할 땐 영어로 어떻게 표현해?

만일 누군가 제 동생 아리에 대해 나쁜 말을 하면 제가 걔한테 'Stop dissing my sister!(내 동생 디스하지 마)'라고 말할 수 있어요.
이렇게 'stop V-ing(~하는 것 하지 마)'을 사용해서 말하면 돼요.

 Mini Dialogue

A Hey, Tom! Can you stop dissing my friends?
야, Tom! 너 내 친구들 디스 좀 그만 할래?

B I wasn't saying anything bad about them.
Don't get me wrong.
난 걔네 뒷담화 한 거 아니야. 오해하지 마.

- say anything bad about ~ ~(누구의) 뒷담화(험담)를 하다
- get ~ wrong ~를 오해하다

괜한 사람에게 화풀이할 때

▶ WATCH

Don't take it out on me!

나한테 화풀이하지 마!
(얻다 대고 성질이야?)

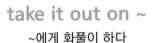

take it out on ~
~에게 화풀이 하다

- **take out** = 꺼내다, 내놓다
  → '**take it out**'을 직역하면 '그걸 내놓다'인데, 맥락상 속에 있는 '화·성질을 밖으로 꺼내 놓다' 즉, '화풀이하다'라는 의미
- **take it out on+대상** = ~에게 화풀이하다
- Don't **take it out on+대상.** = ~에게 화풀이하지 말아라.
  → '얻다 대고 성질이야/분풀이야?'와 같은 뉘앙스로 '**종로에서 뺨 맞고 한강에서 눈 흘기지 마.**'라는 속담과도 일맥상통

자기가 잘못한 것을 괜한 사람에게 성질부리면서 화풀이하는 사람도 있잖아. 만약 누군가 나에게 화풀이 대상으로 감정을 풀고 있을 때 영어로는 어떻게 경고할 수 있어?

그럴 땐 'Don't take it out on me!(나한테 화풀이하지 마!)'라고 큰 소리로 말해 보세요. 'take it out on+대상'을 직역하면 '~에게 그걸(화, 성질) 꺼내 놓다'인데 맥락상 자연스럽게 '~에게 화풀이하다'라고 해석할 수 있어요.

한국 사람들은 곧잘 '어디다 대고 성질이야?'와 같은 말로 표현하거든. 이런 뉘앙스와 같은 말이지?

네, 맞아요! 그리고 예전에 엄마가 설명해 준 속담 중에 '종로에서 뺨 맞고, 한강에서 눈 흘긴다'라는 말이 있었는데, 그 속담이 쓰이는 상황에도 맞는 말인 거죠!

 Mini Dialogue

A I understand parents have a right to be stressed.
부모님들이 스트레스 받을 만하다는 것은 이해가 가.

B But they are not supposed to take it out on their kids.
그래도 애들한테 화풀이를 하면 안 되지.

- have a right to do ~
  ~할 권리가 있다(맥락상 '~하는 게 당연하다'라고 해석)
- be bot supposed to ~
  ~하지 않기로 되어 있다, ~하면 안 된다

It's just an inside joke between us.

우리끼리만 아는 농담이야.

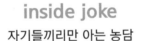

inside joke
자기들끼리만 아는 농담

- **inside**(안에/내부에)+**joke**(농담)

  = 내부 농담(안에서만 통하는 농담) ▶ 자기들끼리만 아는 농담

- an **inside joke** between us

  = 우리 사이에서 통하는 농담, 우리끼리만 아는 농담

- be just an **inside joke** between us

  = (단지/그저) 우리끼리만 아는 농담이다

친구들과 이야기하다 보면 다른 친구들은 농담을 하며 서로 웃는데 정작 나는 무슨 말인지 몰라서 웃지 못하는 상황이 생길 때가 있거든. 이럴 때 **'자기들끼리만 아는 농담'**을 한다고 하잖아. 이걸 영어로는 뭐라고 해?

'inside joke'라고 해요. 사람들이 그 농담에 속해 있으면 이해하는데 농담에 속해 있지 않으면 농담을 이해하지 못한다고 생각해 보세요.

농담에 대한 비하인드 스토리를 알고 있는 사람만 이해할 수 있으니까 내부에서만 통하는 농담이란 의미로 'inside joke'를 풀이할 수 있겠네. 그럼 '이건 우리끼리 아는 농담이야.'라고 말하면서 상황 설명을 해 줄 땐 어떻게 말할 수 있어?

'It's just an inside joke between us.'라고 말하면서 상황 설명을 해 주면 좋겠죠?

 **Mini Dialogue**

A What's so funny? Oh, it's about Liah and her car? I don't get it.
뭐가 그렇게 웃겨? 아, Liah와 차에 대한 이야기야? 무슨 소린지 모르겠어.

B Yeah. It's just an inside joke between us.
응. 이건 우리끼리만 아는 농담이라 그래.

- funny 웃기는, 재미있는
- I don't get it. 이해가 안 되네. / 알 수가 없네.

239

You took it too far!

너 농담이 너무 심했어!

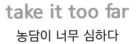

take it too far
농담이 너무 심하다

· **take (take-took-taken)**

= 가지고 가다

· **take ~ too far**

= ~을 너무 멀리 가지고 가다

→ 여기에 '농담 거리'를 지칭하는 대명사 '**it**'을 넣어 '**take it too far**'로 말하면, '그걸(농담 거리를) 너무 멀리 가지고 가다 ▶ 농담이 지나치다(과도하다) ▶ 농담이 너무 심하다'라는 의미

상대방의 농담이 너무 지나쳐서 내 심기를 건드리게 될 때가 있잖아. 그럴 때 **'농담이 너무 심했어.'**라고 경고를 주고 싶은데, 어떻게 말할 수 있을까?

'You took it too far.'라고 말하면 돼요. 직역하면 '그걸(농담 거리를) 너무 멀리 가져 갔어'인데, 결국 '농담이 너무 심했어.'라는 말이 되겠죠?

그러면 반대로 내가 한 농담을 상대방이 너무 심각하게 받아들일 땐 뭐라고 말할 수 있어?

'You're going too far!' 또는 'You went too far!'라고 할 수 있어요. 이 말들도 직역하면 '네가 너무 멀리 갔어.'인데 맥락상 '(별것도 아닌데) 네가 너무 심각하게 받아들이는 거야.'라는 의미로 해석 돼요.

A Don't you think you took it too far?
너 농담이 너무 심했다고 생각하지 않아?

B This time you went too far.
이번엔 네가 너무 멀리 갔어. (네가 심각하게 받아들인 거야).

• this time 이번(만)은

241

One person does the job of two people.

한 사람이 두 사람 몫의 일을 하네.

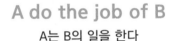

A do the job of B
A는 B의 일을 한다

· **do a job**

= 일을 하다

· **do the job of ~**

= ~의 일을 하다

→ '막연한 일'을 지칭할 땐 '**a job**'으로 표현하지만, '**the job of ~**'에서와 같이 '특정한 일(~의 일/~라는 일)'을 지칭하기 땐 정관사 '**the**'를 넣어 표현해요.

한국인들은 정말 부지런하고 경쟁력 있는 민족으로 꼽히곤 하거든. 그래서인지 '한 사람이 여러 사람 몫의 일을 해낼 정도'의 근면성을 나타내는 표현도 많은 것 같아. 이렇게 '**한 사람이 두 사람 몫의 일을 한다**'고 말하고 싶을 땐 영어로 어떻게 말할 수 있을까?

'One person does the job of two people.'이라고 말하면 돼요. '~의 일을 한다'라는 말을 'do the job of ~'로 표현하고 있어요.

아, 한 사람(one person)이 두 사람의 일을 한다(does the job of two people)라고 풀어서 설명하는구나?

네, 그렇게 말하면 미국인들도 그 사람이 얼마나 많은 양의 일을 하는지 한 번에 이해할 수 있을 거예요.

 Mini Dialogue

A Being a mom means actually doing the job of four people.
엄마가 된다는 것은 실제 <u>4명 몫의 일을 하는 거야.</u>

B I'm telling you. Mom, driver, cook and assistant. You name it, moms do it.
내 말이. 엄마, 운전사, 요리사, 비서.. 더 말할 수도 있어, 엄마들은 그걸 다 한다니깐.

- I'm telling you. (상대방 말에 동의할 때) 정말이야. 내 말이.
- assistant 비서
- You name it. (동일한 종류의 것들을 열거한 다음) 그 밖에 뭐든지, (더 있지만) 여튼

243

They say two different things.

그들은 각각 다르게 이야기를 해요.
(= 한 입으로 두말해요.)

say two different things
다르게 말하다(한 입으로 두말하다)

- **say** = 말하다
- **say two different things**
  = 한 입으로 두말하다
    → 직역하면, '두 가지의 다른 것을 말하다'인데, 이는 곧 '각각 다르게 말하다
    (말을 이랬다저랬다 한다) ▶ 한 입으로 두말하다'라는 의미

얼마 전에 항공사에 전화를 해서 가방 무게 제한을 물어봤거든. 그런데 한 사람은 20kg이라고 하고, 또 다른 사람은 23kg이라고 하는 거야.

서로 다르게 얘기해서 헷갈렸겠네요?

 그렇지. 이런 경우와 같이 '한가지 일에 대하여 말을 이렇게 하였다 저렇게 하였다'하는 걸 '**한 입으로 두말한다**'라고 곧잘 표현하거든. 이때 '서로 다르게 말한다'라고 하면서 상대방에게 따지고 싶은데, 어떻게 영어로 표현할 수 있어?

영어로는 풀어서 말할 수 있어요. 그들(항공사 직원들)이 말한다 → 'they say', 두 가지의 서로 다른 것을(이렇게 저렇게, 서로 다르게) → 'two different things'를 써서 'They say two different things.'라고 말하면 돼요. '한 입으로 두말한다'라는 뉘앙스를 나타내요.

 **Mini Dialogue**

A Your employee said two different things.
직원분들이 각각 다르게 얘기를 했어요.

B Sorry to confuse you.
혼란을 드려 죄송합니다.

• confuse 혼란시키다
(혼란스럽게 만들다)

It was nerve-wracking not to know what's happening!

무슨 일이 일어날지 모르니깐 신경이 곤두서더라고!

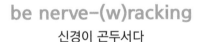

be nerve-(w)racking
신경이 곤두서다

- **nerve-wracking (= nerve-racking)**
  = 신경을 건드리는, 안절부절못하게 하는
- **be nerve-wracking**
  = 신경을 건드리다, 안절부절못하게 하다 ▶ 신경이 곤두서다
- **It is nerve-wracking (not) to do.**
  = ~하는 것은(하지 않는 것은) 신경이 곤두선다 ▶ ~하니깐(하지 않으니깐) 신경이 곤두선다

신경이 예민해져서 안절부절못하고 어찌할 바를 알지 못할 때 '신경이 곤두서다'라고 말하거든. 영어로도 이런 말이 있을까?

'nerve-wracking' 또는 'nerve-racking'이라고 해요.
스펠링은 달라도 의미는 같아요.

아, 'wrack'이 막 부수고 파괴하고 망치는 의미를 갖고 있어서, 신경 (nerve)이 완전히 무너지는 의미로 이해할 수 있겠네. 그럼, 'I felt my nerve-wracking.(내 신경이 무너지는 기분이야.)'처럼 말하면 될까?

아니요. 사람을 주어로 쓰지 않고 'it/that'을 써서 말해요. 'It was nerve-wracking not to know what was happening.(무슨 일이 일어날지 모르니깐 신경이 곤두서더라고.)'처럼 말할 수 있어요.

그럼 내가 아닌 상대방의 신경이 곤두선 상황을 말할 땐 'That must be nerve-wracking.(그건 신경에 거슬리는 일임에 틀림없어. → 그거 때문에 진짜 신경 거슬리고 불안하겠네.)'라고 표현할 수 있겠네!

A Speaking in public is a nerve-wracking experience.
많은 사람들 앞에서 말하는 건 진짜 신경이 곤두서고 긴장이 돼. (신경이 곤두서는 경험이야.)

B It sure is!
완전 공감해!

- in public (특히 자기가 알지 못하는) 사람들이 있는 데서
- It sure is! (앞서 말한 사람의 말에 강하게 공감할 때) 완전 공감!

위험을 감수하고 싶지 않을 때

▶ WATCH

I don't want to take any chances.

어떤 위험도 감수하고 싶지 않아.

take a chance(chances)
감수하다

- **chance**
  = 가능성, 기회
- **take a chance (take chances)**
  = 기회를 잡다, 위험을 무릅쓰다
  → '기회를 잡는다'는 것은 결과가 좋지 않을 수도 있지만 그럼에도 불구하고 '위험을 무릅쓰다, 모험을 한다'는 의미를 내포하고 있어요.

어떤 일을 시도할 때 그 결과가 좋을 수도 있지만 좋지 않을 수도 있잖아. 그럼에도 불구하고 시도하는 사람은 잘 될 가능성을 보고 위험을 감수하는 거겠지? 이때 '**위험을 감수하다**'라는 말을 곧잘 하는데, 영어로는 어떻게 표현할 수 있을까?

'take a chance' 또는 'take chances'라고 해요.

'chance'는 '기회, 가능성'을 의미하는 단어로 알고 있는데, 이 표현에서는 좋은 기회로만 보는 것보다는 '위험할 수 있는(risk, dangerous) 기회'를 말하는 거구나?

네, 맞아요! 'chance(기회)'라고 해서 무조건 결과가 좋을 수만은 없는 거니까요. 그런 맥락에서 'take a chance(기회, 가능성을 잡다)'는 '위험을 무릅쓰다, 모험을 한다'라는 뉘앙스를 갖게 돼요.

 Mini Dialogue

A If stock prices go up, it will make us a fortune. Let's put more money in.
주식 가격만 상승하면 우린 대박 터지는 거야. 돈 좀 더 넣자.

B Over my dead body! I don't want to take any chances.
죽었다 깨나도 안 돼! 난 어떤 위험도 감수하고 싶진 않아.

- fortune 행운, 운명, 일 확천금
- over one's dead body (상대 제안에 강하게 반대하거나 단호하게 거절 시) 내 눈에 흙이 들어가기 전에는(누가 뭐라 해도, 절대로)/죽었다 깨나도 안 된다

249

There are twists and turns!

반전에 반전을 거듭해!

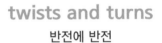

twists and turns
반전에 반전

- **twist** = 비틀다(뒤틀다), 돌리기(비틀기)
  → 이야기의 특정한 상황에 쓰이게 되면 스토리의 전개가 틀어지는 것을 말하기 때문에 '(이야기의) 전환' 혹은 '반전'이라는 의미로 쓰여요.
- **turn** = 돌리다, 돌리기('상태의 변화'를 함축)
  → 이야기의 진행 방향이 바뀐 '변화'를 의미해요.
- **There are twists and turns.**
  = 반전이 (여러 차례) 있다. ▶ 반전에 반전을 거듭하다.

영화를 보다 보면 예상하지 못했는데 스토리 방향이 확 틀어지면서 여러 번 바뀔 때 '**반전에 반전을 거듭하다**'라고 말하는데, 영어로도 그런 표현이 있어?

 그럴 땐 'There are twists and turns!'라고 말해요.

 아, 이야기를 여러 번 비틀어서 꼬니깐 'twists'라고 하고, 이야기의 방향이 여러 번 바뀌어 흐름이 변하니까 'turns'라고 하는구나? 그럼, 결말에 가서 딱 한 번만 반전이 있을 때도 이렇게 말해?

 아니요. 'twists and turns'는 여러 번 변화가 있을 때 '반전의 반전'을 거듭하는 것을 말하고요. 만일 '딱! 한 번' 결말에 반전이 있다면 'There is a twist at the end.'처럼 twist를 단수로 말하고 turns는 붙이지 않아요.

 그렇구나. 반전이 한 번 있는 경우와 여러 차례 발생하는 경우를 구분 하여 단수와 복수 표현을 주의해서 쓰면 더 정확히 전달할 수 있겠네.

A I heard the movie, Ghost man, is super good. Have you seen it?
고스트맨이라는 영화가 인기몰이를 하고 있다던데, 너도 그거 봤어?

B Oh, yes! The movie is full of twists and turns.
응, 맞아! 그 영화가 반전에 반전으로 가득 차 있어.

- be super good 너무 좋다/재미있다, 굉장하 다 (→ (영화 등이) 인기 몰이를 하다)
- be full of ~ ~로 가득 차다

251

가성비 갑인 물건을 득템했을 때

▶ **WATCH**

You got a lot of bang for your buck!

넌 완전 득템한 거야!
(= 본전을 뽑은 거야!)

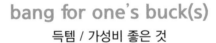

bang for one's buck(s)
득템 / 가성비 좋은 것

- **bang**
  = 쾅 하고 치다, 쾅 (하는 소리)
  → 위에서는 '쾅! 하고 폭발할 만큼 기분이 신나는 상태'를 의미
- **bang for one's buck(s)**
  = (지불한 달러 가치가 신이 날 만큼) 가성비 좋은 것, 본전을 뽑는 가치
  → **buck**은 **dollar**를 뜻하는 슬랭으로 일상에서 많이 사용
- **get a lot of bang for one's buck(s)**
  = 가성비의 최고(갑)를 얻다, (완전) 본전을 뽑다, 득템하다

우리가 물건을 살 때 가격에 비해 정말 좋은 물건을 얻게 될 때가 있잖아. 그런 경우 요즘 말로 '**가성비 갑이다**' 또는 '**득템했다**'라고 말하거든. 영어로도 그런 표현이 있을까?

네! 그럴 땐 'You got a lot of bang for your buck.'이라 말해요.

'bang'은 '쾅' 하는 소리를 나타내고 'buck'은 '돈(dollar)'을 뜻하는데, 두 단어가 함께 쓰여서 어떻게 그런 의미가 되지?

이때 'bang'은 '신난 기분'을 뜻하는데요. 마음에 드는 물건을 싼 가격에 살 수 있게 되니 신나서 돈을 '탕!' 하고 내놓은 모습을 상상해 보세요. 그래서 'bang for your buck'은 '가성비, 득템'을 의미하게 돼요. 그리고 많은 이득을 얻게 되는 거니깐 'a lot of'를 붙여서 'a lot of bang for your buck'으로 말하면 '가성비 최고(갑)/완전 득템'이란 의미를 갖게 되겠죠?

 **Mini Dialogue**

A It's Buy one Get two free. You'll get a lot of bang for your buck!
이거 하나 사면 두 개 공짜야. 넌 완전 득템하는 거야!

B Perfect! I want to be more careful when I spend money.
완벽해! 난 돈 쓸 때 좀 더 신중하고 싶거든.(그렇게 돈을 막 쓰고 싶지 않아.)

- Buy one Get two free
  (마케팅) 원 플러스 투
  = 하나 사면 두 개 무료
- be careful 조심하다,
  신중하다

Review Quiz

01 Stop _____ my friend!

내 친구 디스하지 마! (= 무시하지 마!)

02 Don't _____ it out on me!

나한테 화풀이하지 마! (얻다 대고 성질이야?)

03 It's just an _____ joke between us.

우리끼리만 아는 농담이야.

04 You took it too _____!

너 농담이 너무 심했어!

05 One person does the _____ of two people.

한 사람이 두 사람 몫의 일을 하네.

01 dissing 02 take 03 inside 04 far 05 job

254

06 They say two _____ things.

그들은 각각 다르게 이야기를 해요. (= 한 입으로 두말해요.)

07 It was _____ not to know what's happening!

무슨 일이 일어날지 모르니깐 신경이 곤두서더라고!

08 I don't want to take any _____.

어떤 위험도 감수하고 싶지 않아.

09 There are _____ and turns!

반전에 반전을 거듭해!

10 You got a lot of _____ for your buck!

넌 완전 득템한 거야! (= 본전을 뽑은 거야!)

06 different 07 nerve-(w)racking 08 chances 09 twists 10 bang

DAY
001 ~ 100

YOU CAN DO IT!

Review & Practice

60 세컨즈 잉글리쉬
표현 총정리

CHEER UP!!

Review & Practice

MEMO

MEMO

좋은 책을 만드는 길
독자님과 함께하겠습니다.

60 세컨즈 잉글리쉬

초 판 2 쇄 발 행	2021년 11월 01일
초 판 발 행	2021년 10월 11일
발 행 인	박영일
책 임 편 집	이해욱
저 자	Sophie Ban(소피 반), Leah Ban(리아 반)
영 문 감 수	Elizabeth Nicole Williams
편 집 진 행	심영미
표지디자인	이미애
편집디자인	임아람 · 하한우
발 행 처	시대인
공 급 처	(주)시대고시기획
출 판 등 록	제 10-1521호
주 소	서울시 마포구 큰우물로 75 [도화동 538 성지 B/D] 9F
전 화	1600-3600
팩 스	02-701-8823
홈 페 이 지	www.edusd.co.kr
I S B N	979-11-383-0574-7(13740)
정 가	15,000원